Singapur Malaysia

Heide Ilka Weber (Text) · Rainer Kiedrowski (Fotos)

EINLEITUNG Zwischen Konfuzius und High-Tech

Rund 25 Tonnen »tanzende Drachen«, Pagoden und Dämonen trägt das Dach der chinesischen Koo Kongsi-Clanhalle in Penang. Die Kultur vieler Völker bestimmt das Leben in Singapur und Malaysia. Wer die malaysische Halbinsel und Borneo besucht, erlebt palmengesäumte Inseln und dichte Dschungel mit einer einzigartigen Tropenflora und -fauna.

Das Bild, das Europäer im allgemeinen von Malaysia haben, ist so vage wie das Gesicht einer verschleierten Muslimin: Was hinter dem Tuch liegt, ist allenfalls Gegenstand von Spekulationen. Mit seinen bunt zusammengewürfelten Staaten, den vielen Völkern und vielfältigen Landschaften und Dschungeln paßt es in keine Schublade.

Vielleicht haben die Erzählungen berühmter Orient-Autoren wie William Somerset Maugham und Joseph Conrad die Vorstellungen über Malaysia geformt. Und dann ist alles ganz anders, wenn man in Kuala Lumpur ankommt: Eine hochmoderne Stadt erwartet die Besucher – eine Metropole, die ihren durch Palmöl, Kautschuk und Zinn erworbenen Wohlstand stolz mit kühn geschwungenen Wolkenkratzern zur Schau stellt. Durch die breiten Alleen quält sich stinkend der motorisierte Fortschritt und hüllt die Juwelen britisch-islamischer Kolonialarchitektur in Abgaswolken ein. Gigantische Einkaufszentren schlucken ohne Pause Menschenmassen und spucken sie an anderer Stelle wieder aus. Nur in den Straßen von Chinatown dreht sich das Zeitrad am Abend wieder etwas zurück, lediglich die falschen Rolex-Uhren und Gucci-Taschen halten die Verbindung zur modernen Konsumwelt.

Drei Tage später: Unter einem blauen Himmel wiegen sich an der Ostküste die Palmwipfel, davor erstreckt sich kilometerlang ein menschenleerer Strand. Hell plätschern die Wellen ans Ufer des Kampongs (malaiisch: Dorf). In einem luftigen Pfahlhaus wiegt eine junge Frau ihr Baby in einem aufgehängten Sarong, während die Männer ein paar Kilometer weiter in Kota Bharu ihre schweren Kreisel tanzen und »singende« Riesendrachen in den Himmel steigen lassen. Die Orang-Puti, wie die weißen Menschen genannt werden, dürfen ihnen dabei zusehen.

Szenenwechsel: Berauscht von Farben und Bildern tauchen die Augen auf der Westküsten-Insel Penang ein in die Welt der indischen, chinesischen und buddhistischen Tempel. Wie früher sind die Läden in der Chinatown und Little India vollgestopft bis zur Decke. Märkte quellen über, die Straßen sind vollbepackt mit Fahrradrikschas. Süße Jasmin- und schwere Weihrauchdüfte vernebeln angenehm die Sinne. Auf Nachtmärkten fahren die mobilen Garküchen alle Köstlichkeiten auf, die Asien zu bieten hat. Und mitten hinein in diese fremde Welt platzt der Ruf des Muezzin vom nahen Minarett und erinnert daran, daß der Islam die nationale Religion des Landes ist – was man in den vorwiegend chinesisch geprägten Städten der Westküste leicht vergißt.

Urvölker und frühe Einwanderer

Malaysia ist ein Vielvölkerstaat: Malaien, Chinesen, Inder, Orang-Asli und die zahlreichen Urvölker in Sabah und Sarawak teilen sich ein Land, das fast so groß ist wie das vereinigte Deutschland, aber nur knapp 18 Millionen Einwohner hat.

Viele sind erst im Laufe der Geschichte angekommen und haben doch wesentlich zum Wohlstand Malaysias beigetragen. Wie die Chinesen und Inder mit der mühseligen Arbeit in den Zinnminen und Plantagen, wie die Händler und tüchtigen Geschäftsleute aus Arabien, wie Indonesier, Ceylonesen und Thais. Andere waren schon viel früher da, vor 500 und vor ein paar tausend Jahren: die Murut, die Dusun und Iban in Ost-Malaysia und die Orang-Asli im Landesinnern.

Dieses Völkermosaik gehört zu den faszinierendsten Seiten Malaysias und Sin-

Am beliebten Strand von Cherating gibt es noch viel Platz

Ein Fest für Augen und Kamera: der Markt von Kota Bharu in Malaysia

Pause im Nationalpark, dem Taman Negara

Taman Negara: Fluß-Idylle im Regenwald

Malaysia ist zu interessant und vielseitig, um dort nur am Strand zu liegen: Die Kulturen mehrerer Völker, Religionen, farbenprächtige Märkte, liebenswürdige Menschen, geheimnisvolle Kalksteinhöhlen, uralte Regenwälder und sattgrüne Teeplantagen im Hochland laden ein, das Land zu entdecken. Dank guter Straßen und eines gut ausgebauten Verkehrsnetzes kann man die Tour auch auf eigene Faust unternehmen. Auf Abenteuerlustige warten erlebnisreiche Flußsafaris, Dschungeltrekking in Nationalparks und Begegnungen mit Orang-Utans.

Teeplantagen in den Cameron Highlands

Die Niah Caves in Sarawak

8 gapurs. Jede Volksgruppe lebt nach ihrer Façon, ißt und kleidet sich malaiisch, indisch, chinesisch oder modern kosmopolitisch. Doch das Zusammenleben führt auch zu Reibungspunkten, die Fremden bei ihren kurzen Besuchen meist verborgen bleiben. Auch wenn es keine offene Auflehnung gibt, wurmt es die Chinesen und Inder als zweit- und drittgrößte Volksgruppe mächtig, daß die malaiischen »Bumiputra« (Söhne der Scholle) von Staats wegen bei der Vergabe von Lizenzen, Regierungs- und Staatsämtern und sogar bei den Ausbildungsplätzen bevorzugt werden.
Nur das überwiegend chinesische Singapur hat bei dieser einseitigen Privilegierung der Malaien nicht mitgemacht. 1965 klinkte es sich nach einem kurzen Gastspiel aus der Föderation Malaysia aus und führte der Welt kurze Zeit später ein hausgemachtes Wirtschaftswunder vor, das sich zunächst in einer futuristischen Skyline ausdrückt. Vielen Besuchern, die mit einer romantisch verklärten Vorstellung vom alten Singapur aus dem Flugzeug steigen, verschlägt es beim Anblick der Wolkenkratzerstadt die Sprache. Aber die klimatisierten Einkaufszentren und strikten Verbote, ultramoderne U-Bahnen und Spielwiesen im Disney-Stil kühlen die nostalgischen Illusionen schnell ab.

High-Tech-Ambiente mit städtebaulichen Perlen

Singapur-Besucher tun gut daran, sich auf das High-Tech-Ambiente einzustellen. Dann werden sie im Schatten der pulsierenden Finanz- und Wirtschaftsmetropole Südostasiens noch so manches Liebenswertes entdecken – und sei es nur das faszinierende Nebeneinander von zwei Millionen Chinesen, 380 000 Malaien und 190 000 Indern.
Allein ihre vielseitigen kulinarischen Schöpfungen gestalten den Aufenthalt in Singapur zu einem Erlebnis. So gesehen hat die moderne Inselrepublik auch ihre vielen guten Seiten. Praktisch in letzter Sekunde hat man in Singapur ein Faible für Geschichte entwickelt und den gefräßigen Bulldozern Einhalt geboten. So entgingen die letzten typischen Shophäuser Chinatowns und Little Indias ihrem unvermeidlich scheinenden Schicksal. Aufwendig saniert und farbenprächtig dekoriert, schmük-

Malaysias Hauptstadt Kuala Lumpur machte eine steile Karriere

Chinesische Tempel sind immer voller Leben

Zahlreiche Facetten zeigt das urbane Leben Singapurs und seines nördlichen Nachbarn. Im Schatten der modernen Skyline Kuala Lumpurs ist noch Platz für das traditionelle Malaysia, seine charakteristischen Shophäuser, Tempel, Nachtmärkte und mobilen Küchen.

Mobile Küchen ernähren täglich Hunderttausende

Malerische Shophäuser sieht man häufig

Britische Kolonialarchitektur in Kuala Lumpur

Per Trishaw zum Nachtmarkt

ken sie neuerdings als städtebauliche Perlen ganze Viertel in der Chinesenstadt.

In Melaka, drüben auf der anderen Seite der Grenze, ist das Alte indes ein bißchen echter. Dort tragen die prächtigen Shophäuser die Patina der Jahre mit Würde, und durch die beschaulichen Straßen weht noch der Hauch der Kolonialzeit. Er reicht bis in die Cameron Highlands, wo sich das Grün der Teesträucher wie ein Samtteppich über die sanften Hügel legt. Mittendrin thront eine urbritische Herberge im Tudor-Stil mit Himmelbetten, Kamin und viktorianischem Plüsch: Ye Old Smokehouse. Kontrastprogramm zur Hauptstadt.

Friedlich grasen die Büffel im Reisfeld

Es sind diese vielen Gesichter, die Malaysias Reiz ausmachen: die quirligen Chinesenstädte an der Westküste, die friedliche Abgeschiedenheit der Kampongs an der Ostküste und auf den Inseln, die unverbrauchte Gastfreundschaft der Menschen. Selbst die Bauwut, die sich derzeit auf der Ferieninsel Langkawi entfaltet, hat der sattgrünen Idylle mit grasenden Büffeln im Reisfeld und malerischen Pfahlhäusern noch nicht viel anhaben können. Jede dieser Ansichten ist eine neue, spannende Erfahrung. Malaysia überläßt es seinen Besuchern, aus der Vielzahl der Bilder einen eigenen Urlaubsfilm zu drehen.

Das geht am besten auf einer Rundfahrt mit dem Mietwagen. Ein gut ausgebautes Straßennetz, aber auch ein hervorragendes öffentliches Verkehrsnetz und die relativ zivile Fahrweise machen es leicht, sich im Land zu bewegen.

Und auf Erlebniswillige warten Abenteuer in uralten Dschungeln und den riesigen Kalksteinhöhlen Borneos (Ost-Malaysia), beim Gipfelaufstieg zum 4101 Meter hohen Mount Kinabalu, beim Besuch der Orang-Utans und beim Übernachten mit den Iban in ihren Langhäusern. Spätestens seit die gefräßige Holzindustrie ihren Hunger auch in den Urwäldern Borneos stillt und riesige Gebiete rücksichtslos rodet, ist die Welt aber auch hier nicht mehr in Ordnung.

Das alles ist Malaysia und Singapur – kein »Traumziel«, doch so unendlich vielseitig, lebendig, unverbraucht und voller Überraschungen.

MODERNES SINGAPUR

Wirtschaftswunder am Singapore River

Als Sir Stamford Raffles im Jahr 1819 an Land ging, um auf einer kleinen Insel eine englische Handelsniederlassung zu gründen, bedeckte dichter Dschungel das sumpfige Land. Aus der Siedlung wuchs Singapur zu einer Metropole westlichen Zuschnitts und zum Wirtschaftszentrum. Atemberaubend ist das Atrium des Marina Mandarin-Hotels.

Changi Airport: Ein perfektes Wegweisersystem schleust die Ankommenden zügig durch die Einreisekontrollen des ultramodernen Flughafens. Im klimatisierten Taxi geht es in die Innenstadt. Bäume und blühende Büsche säumen die breite Schnellstraße. Durch das Grün schimmern gesichtslose Trabantenstädte – uniforme Häuserblocks sind kilometerweit aneinandergereiht. Dann endlich die Stadt im Blick: Eine atemberaubende Skyline, futuristische Wolkenkratzer aus Granit und Glas. An den Fassaden flitzen gläserne Aufzüge auf und ab. Ist das Flugzeug etwa versehentlich in Chicago gelandet?
Auf den ersten Blick unterscheidet sich der kleine Inselstaat an der Fußspitze von Malaysia tatsächlich kaum von den modernen Metropolen Amerikas. Was hat man eigentlich erwartet? Eine asiatisch-emsige und ein bißchen verruchte Hafenstadt? Das Singapur der Kulis und Kolonialbeamten, der Abenteurer, der Pflanzer und Piraten? Beides lebt nur noch in den Romanen der berühmten Orient-Autoren fort. Statt britischer Gentlemen im weißen Leinenanzug und Tropenhelm und blasser Ladies in wallenden Röcken flanieren heute westlich gestylte chinesische Yuppies mit Einkaufstüten von Cartier, Armani und Kenzo über die Orchard Road.

Alte Shophäuser wichen gleißenden Wolkenkratzern

Die radikale Modernisierung, die Ex-Premierminister Lee Kuan Yew dem kleinen Inselstaat verordnete, hat das Stadtbild innerhalb der letzten 20 Jahre von Grund auf verändert. Anstelle der dichtgedrängten, vom allmählichen Verfall gezeichneten Chinesensiedlungen künden nun gleißende Wolkenkratzer, glitzernde Einkaufszentren und High-Tech-Bürotürme davon, wie sich Singapur seine Zukunft vorstellt. Für die Vergangenheit war in diesen Zukunftsträumen lange Zeit kein Platz.
Die Abrißbirnen hatten gründliche Arbeit geleistet, ihrer Gefräßigkeit war fast das ganze alte Singapur zum Opfer gefallen. Erst die weltweite Kritik konnte vor ein paar Jahren den Kahlschlag der Bulldozer ein wenig bremsen. Heute investieren die Singapurer Millionen in die Erhaltung der noch verbliebenen, charakteristischen Wohn- und Geschäftshäuser (Shophäuser). Und es

Futuristische Skyline am Singapore River

Das historische Viertel der Europäer entspricht heute noch weitgehend der Stadtplanung Raffles'. Viele Bauten gehen auf George Coleman, den ersten Architekten der jungen Kolonie, zurück, darunter das Parlament. Das Empress Place-Museum entstand vor 130 Jahren als Kolonialgerichtshof. Als Perle britischer Kolonialarchitektur gilt das Raffles Hotel.

Empress Place: Hier ging Raffles an Land

Englische Gotik in der St. Andrew's Cathedral

Blütenweißer Wandelgang: das Raffles Hotel

Sir Stamford Raffles gründete Singapur

Wieder in vollem Glanz: das Raffles Hotel

scheint, als hätten sie mit der erfolgreichen Rettung der alten Viertel auch ihren historischen Wert entdeckt.
Das berühmte Raffles Hotel glänzt nach einer kostspieligen Verjüngungskur wie in seinen besten Tagen, als Hermann Hesse dort weilte (1911) und schrieb: »Wir wohnen teuer, aber gut im Raffles, das Essen ist auch hier schlecht.« Überall werden neue Museen eingerichtet, abgerissene Straßenzüge wie die Bugis Street komplett und originalgetreu wiederaufgebaut. Chinesische Heilmethoden, Kalligraphie und Straßenopern feiern ein glanzvolles Comeback. Das Manhattan am Singapur-Fluß ist auf dem besten Weg, eine städtebauliche Perle Südostasiens zu werden.
Das staatlich verordnete Wirtschaftswunder, die komplette Stadterneuerung und die mit preußischer Akribie durchgeführten Erziehungsmaßnahmen veränderten die Stadt, bescherten den Singapurern den zweithöchsten Lebensstandard in Asien (nach Japan), vorbildliche westliche Wohnqualität, mustergültige hygienische Verhältnisse, ein effizientes U-Bahn-System und eine grüne, blitzsaubere Gartenstadt.

Moderne Stadt auf sumpfigem Eiland

Im neuernannten historischen Distrikt zwischen Singapore River und Raffles Hotel markieren blütenweiße Kolonialbauten die Stelle, an der Stadtgründer Sir Stamford Raffles im Jahr 1819 an Land ging, um auf der kleinen Insel eine englische Handelsniederlassung zu gründen. Eine Statue am Fluß erinnert an den couragierten britischen Vizegouverneur von Bencoolen (Sumatra), der die strategisch günstige Lage Singapurs am Seeweg zwischen Europa, Indien und China für einen Freihafen erkannte.
Auf dem dschungelbedeckten und von Sümpfen durchzogenen Eiland wohnten damals nur ein paar Dutzend Malaien und Seezigeuner. Doch schon bald strömten von allen Küsten der malaiischen Inselwelt chinesische, malaiische und arabische Zuwanderer sowie Kaufleute in die neue Niederlassung und sorgten für einen rasanten Aufschwung. Raffles zog sich allerdings schon 1824, von einer Krankheit geschwächt, nach England zurück. Gerade 45 Jahre alt, starb er dort bald.
Wie Raffles vorausgesehen hatte, stieg der Freihandelsstützpunkt zum wichtigsten britischen Hafen in Übersee auf. Der Handel blühte, die Bevölkerung vermehrte sich unablässig. 1826 faßten die Engländer Singapur mit Penang und Malakka zum »Straits Settlement«, den Niederlassungen an der Straße von Malakka, zusammen, das 1867 zur eigenständigen Kronkolonie aufstieg.
Zwei weitere Entwicklungen besiegelten darüber hinaus eine sichere Zukunft: Erstens lösten Dampfschiffe die langsameren Segelschiffe ab, und zwei-

tens beschleunigte und verbilligte die Eröffnung des Suezkanals 1869 die Passage von Europa nach Asien.
1963 endlich entließ Großbritannien seine Kolonie in die Unabhängigkeit, zunächst als Staat der neuen Föderation malaysischer Staaten. Nach Unstimmigkeiten mit der Zentralregierung über einseitige Privilegien für die Malaien löste sich der überwiegend chinesische Inselstaat jedoch von der Staatengemeinschaft und gründete am 9. August 1965 die unabhängige Republik Singapur.
In der City Hall proklamierte Altpremier Lee Kuan Yew die Unabhängigkeit, und der nun auf eigenen Beinen stehende Zwergstaat rüstete sich für die nächste Erfolgsstory: Rasche Industrialisierung und eine stabile Regierung bescherten dem Land die notwendigen ausländischen Investitionen, die Premier Lee und seine People's Action Party (PAP) geschickt zu mehren wußten. Daß Lee und seine Parteifreunde dabei jede Opposition unnachgiebig unterdrückten, übersahen die ausländischen Geldgeber großzügig. Schließlich profitierten fast alle vom wachsenden Wohlstand. Einer der größten Erfolge Lees war die Eindämmung der in Asien weitverbreiteten Korruption von Regierungsmitgliedern und Staatsangestellten. Ende 1991 räumte der langjährige Regierungschef seinen Sessel. Nun hofft Singapur auf eine liberalere Linie.

Der Cricketplatz als Heiratsmarkt

Noch heute wird gegenüber der City Hall auf dem Padang Cricket gespielt. Dieser große Grünstreifen an der St. Andrew's Road war einst das Zentrum des kolonialen Lebens. Hier fand man sich abends ein, wenn die von der Gluthitze erstickten Lebensgeister wieder erwachten – zu Sport, Spiel und Klatsch oder um heiratsfähige Töchter an den Mann zu bringen.
Überhaupt waren die Männer in punkto Unterhaltung deutlich besser dran als ihre Memsahibs – so nannten die einheimischen Bediensteten die weißen Gattinnen –, die vor Langeweile fast umkamen. Sie gingen in ihre Clubs, in den noblen Cricket Club zum Beispiel, oder in den Recreation Club für Eurasier. Auch die in Singapur ansässigen Schweizer und Deutschen trafen ihre

Magnet für Touristen und Einheimische: die restaurierte Bugis Street

Glitzerndes Einkaufszentrum: das Centrepoint

Die Lieblingsbeschäftigung der Singapurer und der meisten Touristen scheint Shopping zu sein. In dieser Hinsicht ist der Inselstaat noch immer ein Paradies, obwohl die Preise stark angestiegen sind. Erholung von den glitzernden Einkaufszentren bieten abends die Lokale an der nach originalem Vorbild wiederaufgebauten Bugis Street.

Einkaufen ist eine Lieblingsbeschäftigung der Besucher

Hotelturm des Dynasty an der Orchard Road

Der Newton Circus ist eine preiswerte Quelle für leckeres Essen

Beliebteste Einkaufsstraße: die Orchard Road

Shophaus-Architektur am Peranakan Place

Landsmänner im jeweiligen Club: Das Goodwood Park Hotel an der Scott's Road entstand 1900 als deutscher Teutonia Club.
Drei armenische Brüder, Arshak, Aviet und Tigran Sarkies, waren es, die vor über 100 Jahren mit dem Raffles Hotel zum Ruhm Singapurs in der Welt beitragen halfen. So populär war die Luxus- und Lieblingsherberge weltberühmter Autoren und Stars, daß sie sich erlauben konnte, damit zu werben: »Wenn Sie schon im Raffles sind, warum besuchen Sie dann nicht auch gleich Singapur?« Weltenbummler trafen sich in der Bar zum berühmten Cocktail Singapore Sling.

Raffles City: postmodernes Einkaufs- und Bürozentrum

Der Raffles City-Komplex auf der anderen Straßenseite katapultiert die Besucher im Zeitraffertempo ins 21. Jahrhundert. Entworfen hat das mächtige Ensemble aus Hotel- und Bürotürmen und futuristischem Shopping Centre der sino-amerikanische Architekt I. M. Pei. Die sonnendurchflutete Atriumhalle lädt zum Verweilen ein, vor allem, wenn sich beim Arts Festival oder einer der zahlreichen kulturellen Aktivitäten, die Singapur das Jahr über arrangiert, die Bühnen mit Leben füllen. Drei Straßen westlich von Raffles City hat sich der berühmte Erfinder des Hotelatriums, John Portman, mit dem Marina Square-Komplex ein neues Denkmal gesetzt: Es besteht aus drei Hotels, und in jedem ist die Atriumhalle auf unterschiedliche Weise atemberaubend.
Manche Besucher haben bei ihrem gemeinsamen Lieblingssport mit den Singapurern, dem Einkaufsbummel durch die Glitzerwelt der Shopping-Zentren an der Orchard und Scott's Road, kein Auge für die architektonischen Glanzpunkte am Weg. Wer denkt denn auch, daß das nette Gartencafé am Peranakan Place den Zugang zu einem städtebaulichen Idyll verbirgt: Emerald Hill, ein Beispiel für die originelle Peranakan-Architektur der Nachfahren chinesischer Siedler in Malaysia. In einer langen Reihe posieren tomatenrote, grüne, blaue, gelbe und lavendelfarbige Terrassenhäuser mit kunstvoll geschnitzten Türen und Fensterläden für die Kamera und schüren die Erwartung auf Chinatown.

Rundfahrten

Diverse Veranstalter bieten Rundfahrten durch das Kolonialviertel, Chinatown, auf den Mount Faber, in die Orchard Road und wahlweise in den Botanischen Garten an, außerdem Inselrundfahrten. Andere Perspektiven eröffnet die halbstündige Rundfahrt mit einem Proviantboot über den Singapur-Fluß, Abfahrt am Raffles-Denkmal. Einige Veranstalter haben Dschunkenkreuzfahrten durch den Hafen und zu den umliegenden Inseln im Programm, Abfahrt Clifford Pier.
Information: Singapore Tourist Promotion Board, Raffles City Tower, Tel. 3 30 04 31/2.

Europäisches Viertel

Karte S. 113, Planquadrat C, D 3, 4.
Anfahrt: Mit der Stadtbahn MRT bis Raffles City.
Sehenswürdigkeiten: Schauplatz von Singapurs Kolonialgeschichte ist das Viertel zwischen North Boat Quay und Raffles Hotel an der Bras Basah Road und Fort Canning. Der Rundgang beginnt an der Cavenagh-Brücke von 1869 mit Blick zum Fullerton Building (Hauptpost). Von dort geht es zum Empress Place-Museum, zum Raffles-Denkmal am Fluß und zum Parlament, dann weiter zur Victoria Memorial Hall. Über die St. Andrew's Road erreicht man den Cricket Club und Padang, links liegen die Gebäude des Obersten Gerichtshofs (Supreme Court, 1937) und die City Hall.
Nach einem Abstecher in die Kolonialkirche St. Andrew's (Coleman Street, 1855) und die Armenische Kirche (Hill Street, 1835) klettern Konditionierte die Treppe hinauf zum Fort Canning Park. Zu sehen ist dort das Grab von Karamat Iskandar Shah, einem Hindu-Prinzen aus dem 14. Jahrhundert, sowie ein Friedhof mit den Gräbern einiger Pioniere, darunter auch das von Coleman und der Brüder Sarkies. Der Abstieg führt geradewegs zum National Museum & Art Gallery (Singapur-Geschichte und asiatische Kunst). Auf dem Weg zum Raffles Hotel liegen zwei schöne Kolonialbauten: der Convent of the Holy Infant Jesus und das St. Joseph's Institute, beide Queen's Street/Bras Basah Road.
Unterkunft: (*) Mayfair City Hotel, Armenian Street 40; YWCA Hostel Fort Canning Park. (**) Excelsior, Coleman Street 5; Allson, 101 Victoria Street. (***) Raffles Hotel, Westin Stamford, Westin Plaza Hotel.
Ausgehen: (**) **Chinesisch:** House of Four Seasons im Empress Place Museum (auch Dim Sum); Liu Hsiang Lou Sichuan im Allson Hotel; Imperial Herbal Restaurant mit chinesischer Gesundheitskost im Metropole Hotel, 41 Seah Street. (***) **Japanisch:** Inagiku im Westin Plaza Hotel. **Bars und Pubs:** Long Bar im Raffles Hotel; Somerset's Bar im Westin Stamford Hotel.
Einkaufen: Raffles Hotel Arcade, Raffles City-Einkaufszentrum.

REISE-INFO
MODERNES SINGAPUR

Orchard Road

Karte S. 113, Planquadrat B 2, 3.
Sehenswürdigkeiten: Die Terrassenhäuser in der Emerald Hill Road sind nicht nur sehenswert, sie reflektieren auch den besonderen Baustil der Peranakan: Die Babas (Männer) und Nonyas (Frauen), wie sie auch genannt werden, sind die Nachfahren früher chinesischer Siedler an den Küsten Malaysias, die dort heimisch wurden und sich mit Malaiinnen und der malaiischen Kultur verbanden. Das Besondere an ihren Häusern ist die freimütige Verbindung chinesischer Elemente mit europäischer Ornamentik.
Unterkunft: (*) YMCA International House, 1 Orchard Road; Metropolitan YMCA, 60 Steven's Road; Mitre Hotel, 145 Killiney Road; Sloane Court Hotel, 17 Balmoral Road; in der Lloyd's Road: Mario Ville Hotel (64), Lloyd's Inn (1), Windsor Lodge (32). Bereich Orchard/Tanglin Road: (**) Omni Marco Polo, Crown Prince, Ladyhill, Cockpit, Cairnhill, außerdem das Hotel Premier. (***) Regent Hotel, Shangri-La, Hyatt Regency, Goodwood Park, Royal Holiday Inn, Mandarin, Dynasty, Meridien, Holiday Inn Park View.
Ausgehen: Food-Zentren: Newton Circus (die Nummer eins bei Touristen), Cuppage Centre, Lucky Plaza Food Centre, Orchard Emerald Food Court. Restaurants **chinesisch:** (**) Min Jiang Sichuan im Goodwood Park Hotel; Meisan Szechuan im Holiday Inn Park View Hotel; Shang Palace im Shangri-La Hotel; Bibi's Nonya Restaurant (Nonya-Küche). (***) Li Bai im Sheraton Towers Hotel. **Malaiisch:** (**) Aziza's und Bintang Timur im Far East-Einkaufszentrum; Sukmainda im Royal Holiday Inn Hotel. **Indisch:** (**) The Tandoor im Holiday Inn Park View; Annalakshmi im Excelsior Hotel (vegetarisch). **Thai:** (**) Her Sea Palace im Centrepoint-Einkaufszentrum. **Indonesisch:** (*) Tambua Mas im Tanglin-Einkaufszentrum. **International:** (**) Mövenpick im Scott's Shopping Centre; (***) Maxim's de Paris im Regent; Nutmegs im Hyatt Hotel. **Bars & Pubs:** Brannigan's im Hyatt; Einstein's im Shaw Centre, 1 Scott's Road; Saxophone, 23 Cuppoge Road; Hard Rock Café, 1 Cuscaden Road. **Diskotheken:** Caesar's und Celebrities, beide im Orchard Towers; Ridley's im Ana Hotel; Scandals im Westin Plaza Hotel.
Einkaufen: Zwei Dutzend Einkaufszentren und Kaufhäuser, u. a. Tanglin Shopping Centre mit Kunstgalerien.

Einkaufszentrum in der Orchard Road

Marina Square

Karte S. 113, Planquadrat C, D 3, 4.
Anfahrt: Mit MRT bis City Hall bzw. Marina Bay.
Unterkunft: (***) Oriental, Marina Mandarin, Pan Pacific Hotel, alle Marina Square.
Ausgehen: Food-Zentren: Satay Club, Esplanade Food Park (Marina Square). Restaurants chinesisch: (***) Cherry Garden im Oriental Hotel (Hunan); Hai Tien Lo im Pan Pacific Hotel; House of Blossoms im Marina Mandarin Hotel.

*siehe Allgemeine Reise-Informationen: Küche (S. 108), Unterkünfte (S. 110).

Der Innenhof des Raffles Hotel

Die historische Brücke führt über den Singapur-Fluß

Schöne Kolonialarchitektur: der Supreme Court

Lunch-Buffet im Garden Hotel

Nicht alles in Singapur ist neu und futuristisch. Vor wenigen Jahren entdeckten die Menschen den Wert ihres historischen Erbes und sanierten die Juwelen der Kolonialarchitektur. Das einst europäische Viertel am Singapore River erstrahlt jetzt in neuem Glanz, und auch das legendäre Raffles Hotel profitierte von der Verjüngungskur. Allerdings können sich jetzt nur noch wenige Gäste den über 600-S-Dollar hohen Übernachtungspreis leisten.

Für Superlative sind Singapurer empfänglich

VÖLKERMOSAIK SINGAPUR

Spaziergang von China nach Indien

Jahrelang fraßen sich die Bulldozer in Singapurs Chinatown vor und machten Platz für moderne Hochhäuser. Erst seit kurzem besinnen sich die Singapurer ihrer Geschichte und restaurieren die schönen Shophäuser (Bild) im Chinesenviertel. Nur wenige Schritte entfernt beginnt die Welt der Inder und der Araber: Singapur ist eine Vielvölkerstadt.

Wolkenkratzer bedrängen die alte Chinatown

Der Kern von Chinatown hat den Abrißbirnen getrotzt und scheint gerettet

Beliebte Einkaufsquelle: der Festival Market

Wann geht Chinatown die Luft aus? Das fragen sich die Bewohner des alten Chinesenviertels und die Besucher schon seit vielen Jahren. Die Wolkenkratzer sind bedrohlich nahegerückt, doch die Abrißwut scheint gebremst. Jetzt werden die noch verbliebenen Shophäuser und Anlagen wie der Telok Ayer-Markt liebevoll restauriert. Auch typisch chinesische Kultur wie Wayang (China-Opern), Tee-Zeremonien und Fahrradrikschas (Trishaws) feiern eine glanzvolle Renaissance.

Wo bleibt die Kundschaft?

Chinesische Opern (Wayang) sind beliebt

Pittoreskes Detail in Chinatown

Weihrauch hängt in der Luft. Der Bankangestellte Steve Lee nutzt die Mittagspause, um im Tempel zu Ehren der Göttin Kuan Yin Räucherstäbchen anzuzünden und Papiergeld für seine Ahnen zu verbrennen. Dann schüttelt er den Bambusköcher, bis ein Nummernstäbchen herausfällt. Die Fünf wird – vom Wahrsager gedeutet – darüber entscheiden, wie er ein Geldgeschäft managen wird. Szene in Chinatown.

Arab Street: In der Sultan-Moschee verneigen sich malaiische und indische Moslems zum Mittagsgebet. Wenige Schritte weiter Little India: Das rhythmische Schlagen von Trommeln und Zimbeln klingt in den Ohren. Dunkelhäutige Frauen in leuchtenden Saris folgen im Perumal-Tempel an der Serangoon Road einer hinduistischen Puja. In der Imbißbude auf der gegenüberliegenden Straßenseite schleudert Rajiv Narendra seinen Brotteig in die Luft, bis daraus ein papierdünner Fladen entsteht, den er zu duftendem Roti Prata backt. Szenen einer multikulturellen Gesellschaft.

Trishaws fahren fast nur noch für Touristen

Eigene Feste und Gewohnheiten: Einwanderer prägten die Stadt

Das spannendste Kapitel von Singapur ist sein buntes Völkermosaik. Die Bewohner des Inselstaats sind zwar Singapurer, aber zugleich sind sie Chinesen, Inder, Malaien. Sie kamen aus den verschiedensten Provinzen Chinas, aus Südindien und Bengalen und von den benachbarten Küsten Malaysias und Indonesiens auf die damals fast unbewohnte Insel. Sie sprechen Englisch, aber ihre Muttersprache ist – je nach Volksgruppe – ein chinesischer oder indischer Dialekt oder Malaiisch. Und sie sind je nach ihrer Herkunft Chinesen, Inder, Malaien geblieben, essen ihre regionalen Spezialitäten und feiern ihre eigenen Feste. Mit ihren unterschiedlichen Lebensgewohnheiten haben sie die Stadtviertel Chinatown, Little India und Arab Street nachhaltig geprägt.

Tempel waren der Dank für die glückliche Überfahrt

Als 1821 die erste Dschunke mit Einwanderern aus dem südchinesischen Xiamen (Amoy) an der Telok Ayer Street vor Anker ging, die damals noch direkt ans Wasser grenzte, war dies die Geburtsstunde von Chinatown. Die Chinesen sollten ihre eigene Stadt südlich des Singapur-Flusses haben, verfügte Stamford Raffles, der voraussah, daß sie die stärkste Gruppe in Singapur sein würden. Wie recht er hatte: Drei Viertel der drei Millionen Einwohner sind heute Chinesen. Bald erstreckte sich Chinatown vom Boat Quay bis zur Keppel und Cantonment Road, von der Telok Ayer Street bis zur New Bridge Road.

Anders als beispielsweise die Hongkong-Chinesen stammten die Emigranten aus unterschiedlichen Provinzen Chinas, sprachen ihre eigenen Dialekte und pflegten ihre eigenen Lebensgewohnheiten. Die meisten waren Hokkier aus der Provinz Fukien, die mit über 40 Prozent auch heute noch die stärkste Gruppe stellen. Ihnen folgten Teochews aus der Gegend von Swatow (22 Prozent) und Kantonesen (17 Prozent) aus der südchinesischen Provinz Guangdong, außerdem Hakkas, ein Bauernvolk aus verschiedenen Provinzen, und Hainanesen von der Insel Hainan im Süden (je sieben Prozent).

In der Telok Ayer Street bauten die Einwanderer zum Dank für die glückliche Überfahrt Weihestätten und Tempel für ihre Schutzgötter. Unter ihnen ist der Thian Hock Keng-Tempel, der Ma Chu Po, der Göttin der Seefahrer und Fischer, gewidmet ist. Nach einer Legende errettete sie ihren Vater auf wundersame Weise aus Seenot und wird seither von den Chinesen überall in der Welt verehrt. Der 150 Jahre alte Bau ist ein

beeindruckendes Beispiel traditioneller Tempelbaukunst.
Aber es siedelten nicht nur Chinesen in Chinatown. Der Nagore Durgha Shrine neben Thiang Hock Keng mit seinen schlanken Minaretten aus dem Jahr 1830 und die Al Abrar-Moschee von 1855 ein paar Schritte weiter erinnern daran, daß sich hier auch aus Südindien stammende moslemische Tamilen niederließen. Das Telok Ayer-Viertel war lange Zeit nicht nur ein pulsierender Warenumschlagplatz, sondern auch religiöses Zentrum der Chinatown.

Yuppie-Freizeitbeschäftigung: Essen und Einkaufen

Wo früher Dschunken und Leichter dümpelten und schwitzende Kulis ihre schweren Lasten schleppten, stehen inzwischen die spiegelverglasten Bürotürme internationaler Banken und Handelshäuser: Auf dem aufgeschütteten Land zwischen Telok Ayer Street und Shenton Way hat sich Singapurs Finanzviertel ausgebreitet.
In dieser nüchternen Umgebung wirkt das verspielte, schmiedeeiserne Filigran des Telok Ayer Market wie eine vergessene Requisite aus alter Zeit. Vor wenigen Jahren startete der ehemalige Fischmarkt eine neue Karriere als schikke Freßmeile mit Bistros, Läden und Freiluftlokalen. Hier kann man nicht nur gemütlich sitzen, sondern auch Singapurer Yuppies bei ihren liebsten Freizeitbeschäftigungen beobachten: Essen und Einkaufen.
Die Wolkenkratzer des Finanzviertels bedrängen die alten Straßenzüge der Chinesenstadt in einem Maße, daß man sich unwillkürlich fragt, wann ihr die Luft ausgeht. Mitte der achtziger Jahre schien es tatsächlich, als hätten die letzten Stunden für Old Chinatown geschlagen. In Tanjong Pagar zum Beispiel, einem der sechs Distrikte des Viertels, räumten 1984 die letzten Bewohner entmutigt die heruntergekommenen Wohn- und Geschäftshäuser. Die Bulldozer warteten bereits.
Doch dann wendete die Regierung das unvermeidliche Schicksal ab. Tanjong Pagar wurde plötzlich ein Musterfall für vorbildliche Stadtsanierung. In die 200 originalgetreu renovierten Shophäuser in der Duxton, Tanjong Pagar und Neil Road zogen sechs Jahre später gemütliche Restaurants, Läden und Galerien

Die alten Shophäuser werden jetzt restauriert

Frühstück mit Vogelkonzert

Die Chinesen sind große Vogelliebhaber. Bis heute hat sich der Brauch erhalten, die Singvögel morgens in ein Vogel-Café auszuführen, damit sie mit ihresgleichen um die Wette trällern können. Nach chinesischer Vorstellung nehmen die Toten am Alltag der Lebenden teil. Beim »Fest der hungrigen Geister« sorgt die Gemeinschaft dafür, daß die Verstorbenen es im Jenseits gut haben.

Thian Hock Keng ist einer der ältesten Tempel

Zum »Fest der hungrigen Geister« werden Opfergaben aufgestellt

Typische Shophaus-Fassade

Altes Shophaus: Liebe zum Detail

ein, und in der ehemaligen Jinrikisha-Station der Rikschafahrer genießt man heute chinesische Fischgerichte. Die Arkaden der Neil Road füllten sich mit traditionellen Läden für Tee- und Küchenzubehör und Dim Sum-Lokalen. Die sonst so zukunftsorientierten Singapurer begannen sich auf einmal für die traditionellen Shophäuser zu erwärmen und haben seither viel Geld in die Erhaltung investiert.

Mit der Restaurierung hat sich die abgewohnte und verlotterte Chinesenstadt in eine städtebauliche Perle gewandelt. Die Erhaltung der Chinatown bedeutet zugleich die Rettung der charakteristischen Singapur-Architektur, die in den Shop- und Terrassenhäusern chinesische und europäische Elemente auf farbenfrohe Weise vereint. Besondere Prachtstücke reihen sich entlang der Blair Road, südwestlich der Neil Road. Die Fassaden sind üppig wie eine Hochzeitstorte mit Ornamenten geschmückt und mit bunten Keramikkacheln aus Europa dekoriert.

Kreta Ayer – berühmt für Opern und Bordelle

Bei einer Stadtrundfahrt sehen Touristen von Chinatown oft nur den kleinen Ausschnitt zwischen Sago und Pagoda Street. Hier, im Distrikt Kreta Ayer, war und ist das Herz von Chinatown.

Die restaurierten Shophäuser in der Trengganu und Smith Street geben freilich nur eine vage Vorstellung von dieser einst pulsierenden Unterhaltungsmeile: Kreta Ayer war nicht nur berühmt für seine Restaurants und seine chinesischen Opernbühnen (Wayang), wie das Lai Chun Yuen-Theater in der Smith Street (Nummer 36), sondern auch für seine Bordelle. Da Chinesinnen rar waren – das Verhältnis zwischen Männern und Frauen lag bei 14 zu eins –, boomten diese Institute.

Davon abgesehen war Kreta Ayer im 19. Jahrhundert überbevölkert und unglaublich schmutzig. Und es gab jede Menge soziale Probleme. Die frisch importierten Emigranten wurden von raffgierigen Kuliagenten und den damals sehr zahlreichen chinesischen Geheimgesellschaften unter sklavenähnlichen Bedingungen verkauft. Zentrum dieses Menschenhandels war die Pagoda Street. Auch die Liebesdienerinnen in den Bordellen waren in den

meisten Fällen nicht freiwillig nach Singapur gekommen. Man hatte sie in China entführt, und in Singapur gab es niemanden, der ihnen helfen konnte.
Wenig rühmlich ist auch die Geschichte der Sago Street mit ihren Sterbehäusern. In diese armseligen Einrichtungen zogen bis vor 30 Jahren noch Kranke und dem Tod geweihte Alte ohne Angehörige ein, um dort zu sterben.
Von all dem ist heute nichts mehr zu sehen. Kreta Ayer ist in den letzten Jahren touristisch perfekt aufbereitet und seine Requisiten sind bunt und fotogen in Szene gesetzt worden – die Wahrsager, Briefeschreiber, Teeshops und Chinaläden. Anstelle der vollgestopften Kram- und Kräuterläden mit ihren mannigfachen Gerüchen und den verräucherten chinesischen Imbißlokalen (Kopi tiam) bilden blitzsaubere Souvenirshops und Boutiquen die Ladenfronten. Und wahrscheinlich hätten die Fahrer der dreirädrigen Fahrradrikschas (Trishaw) ihren schweißtreibenden Job schon längst an den Nagel hängen müssen, wenn sie bei der kamerabehängten Fracht nicht so beliebt wären. Das Herz von Chinatown wirkt wie eine knallbunte Kulisse für einen touristischen Werbefilm.

Flinke Hände zerteilen die glasierten Enten

Auf dem Lebensmittelmarkt im Erdgeschoß des Chinatown Complex an der Sago und Smith Street und im Foodzentrum im zweiten Stock ist noch ein Stückchen China zu finden – weniger fotogen zwar, aber authentisch. Der unsägliche Geruch der berüchtigten Stinkfrucht Durian attackiert die Nase, während die Augen in der grünen, roten und gelben Üppigkeit exotischer Gemüse schwelgen. In Dutzenden von Miniküchen des Marktes dampfen Woks und Pfannen. Flinke Hände zerkleinern mit dem Hackebeil glasierte Enten und Hähnchenschenkel. Kisten krachen, Töpfe scheppern, Plastikgeschirr klappert auf den Blechtischen. Die schlanken Chinesen auf den Hockern drumherum verschlingen Berge von Meeresgetier, Nudelsuppen und gebratenen Reis, als hätten sie gerade einen Fastenmonat hinter sich gebracht.
Die blumige Süße eines frischgepreßten Guaven- oder Ananassafts versetzt die Geschmacksnerven in freudige Eu-

Szenen aus dem hinduistischen Götterhimmel zieren den Sri Mariamman-Tempel

Eine indische Enklave in Chinatown: der Sri Mariamman-Tempel

Fisch- und Meeresfrüchte werden auf dem Markt frisch zubereitet

phorie, bevor sie sich den Versprechungen einer krebsroten Chili-Krabbe zuwenden. Die China-Küche des kleinen Mannes ist einfach, aber delikat, und sie macht kein Zugeständnis an westliche Vorlieben. Dank Singapurs pingeliger Hygienevorschriften kann man die Leckerbissen ohne jedes Gesundheits- und finanzielles Risiko probieren: Ein Gericht kostet hier selten mehr als umgerechnet zwei Mark.
Noch haben die Baumaschinen nicht alle Ecken der Chinesenstadt erreicht. Die Chin Chew, Nankin, China und Club Street mit ihren zahlreichen Clubs und Vereinshäusern aus den dreißiger Jahren reflektieren noch die Beschau-

Inderinnen in ihren traditionellen Saris

lichkeit früherer Jahre. An den Fenstern baumeln Vogelkäfige, unten auf der Straße schwatzen alte Männer. Straßenhändler radeln ihre mobilen Läden zur nächsten Einsatzstelle, Frauen im traditionellen Hosenanzug (Samfu) tragen den Fisch und das Gemüse vom Markt nach Hause. An den Hauswänden glimmen Räucherstäbchen, um die Götter gnädig zu stimmen, und in den Fenstern glitzern eckige Spiegel, damit sie die bösen Geister ablenken.
Mitten im Chinesenviertel steht in der South Bridge Road der Sri Mariamman-Tempel, der älteste Hindu-Tempel Singapurs. Vom farbenprächtigen Torturm (Gopuram) wachen dralle Figuren und

Straßenszene in Little India

Stoffhändler

Der Magie Indiens kann man sich auch in Singapurs Little India nicht entziehen. Die Farbenfreude der Tempeltürme (Gopuram) mit ihren Darstellungen aus der hinduistischen Götterwelt, die schillernden Saris der Frauen und der süße Duft von Jasmin und Sandelholz benebeln angenehm die Sinne.

Gewürze und Konserven: Lebensmittelgeschäft in Little India

Fabelwesen aus hinduistischen Göttersagen über die abendliche Puja (Andacht). Während des Thimithi-Festes im Oktober laufen Hindus in Trance dort unverletzt über glühende Kohlen.

Kardamom und Koriander: der Duft von Little India

Fast ein Jahrhundert wohnten die Emigranten aus Indien und die arabischen Händler in Chinatown. Im Kampong Susu (Milchdorf) in der Upper Cross Street verkauften sie Milch für ihre Landsleute, und in der Chulia Street gingen indische Geldverleiher, Angehörige der asketischen Chetthiar-Kaste, ihren Geschäften nach. Erst nachdem im Gebiet um die Serangoon Road nördlich des Fort Canning Parks das Sumpfland trockengelegt und die Viehwirtschaft aufgegeben worden waren, zogen südindische Moslems, bengalische Hindus und Tamilen ab den dreißiger Jahren in das heutige Little India.
Kein Zweifel – Little India ist Indien. Die Shophäuser an der Desker und Rowell Road sind in den indischen Farben grün und lavendelblau getüncht. Aus den kleinen Läden in den Kolonnaden dringt der süße Duft von Jasmin und Sandelholz in die Nase, nebenan duftet es nach Kardamom und Koriander. »Madame, bringen Sie Ihren Freunden Gewürze mit, ich mache Ihnen einen guten Preis«, lockt der Ladeninhaber und wiegt dabei den Kopf nach südindischer Manier. Junge Frauen schreiten in ihren Saris wie Königinnen über die Straße. In den rustikalen Lokalen in der Cuff Road häufen die Boys höllisch scharfe Curries auf Bananenblätter, die dort als Teller dienen. Auf den Speisekarten der Restaurants an der Serangoon Road stehen Chicken Tikka, Tandoori-Lamm und Fischkopf-Curry.
Erst der Zhujiao-Markt: Farben überall, als hätte ein Regenbogen dort sein gesamtes Spektrum auf die Stoffe und Saris geschüttet. Selbst in Singapur ergreift die Magie Indiens von allen Sinnen Besitz.

Schätze des Orients birgt die Arab Street

Arabische Händler, die in dem ehemaligen Dorf Kampong Glam eine Existenz aufbauten, gaben der Arab Street und ihren Seitenstraßen ihren Namen. Sie

Arab Street: Körbe sind beliebte Mitbringsel

Düfte des Orients

Kräuter und Gewürze

Wo Malaien leben, ist der Islam allgegenwärtig. Singapurs größte Moschee befindet sich im Viertel der Arab Street, wo sich einst arabische Händler, Malaien, Indonesier und muslimische Tamilen niederließen. Wie in den Basaren Arabiens häufen sich in der Arab Street die Schätze des Orients.

Die Halle der Sultan-Moschee

Singapur-Kontraste: Minarett einer Moschee vor der United Overseas Bank

besiedelten zusammen mit Bugis von den Celebes-Inseln, Malaien und Indonesiern das Gebiet zwischen Arab Street und Jalan Sultan Road. Wie in einem Basar reihen sich ihre Geschäfte im Schatten der Kolonnaden an der Arab Street, und wie auf den Märkten Arabiens häufen sich dort die Schätze des Orients: Stoffe, Seide, Saris, Sarongs und golddurchwirkte Songkets, Batiken, Brokate, Borten und Bänder. Die Istana, ein alter, vernachlässigter Palast der Sultane (malaiische Fürsten)

Islamisches Gotteshaus: die Sultan-Moschee

von Singapur, ist ziemlich das einzige, was aus der Frühzeit des malaiischen Dorfs Gelam (Kampong Glam) übriggeblieben ist, außerdem zwei alte moslemische Friedhöfe an der Victoria und Jalan Kubur Street.

Der Muezzin ruft von den Minaretten

Mit der großen Sultan-Moschee, der Haijah Fatimah- und der Malabar Muslim Jama-Ath-Moschee bildet die Arab Street das religiöse Zentrum der islamischen Gemeinde Singapurs. Fünfmal am Tag ruft die Tonbandstimme des Muezzins von den Minaretten. Und die gläubigen Malaien und Tamilen lassen ihre Arbeit für Minuten ruhen, um sich nach Mekka zu verbeugen.

Chinatown

Karte S. 113, Planquadrat D, E 2, 3.
Verkehrsmittel: Von der Orchard Road Busse Nr. 124, 143, 167, von Raffles City Busse 2, 3, 11, 28 und viele weitere. MTR: Raffles Place, Tanjong Pagar, Outram Park.
Sehenswürdigkeiten: Als Rundgang empfiehlt sich folgende Route: Vom Boat Quay am Singapore River über die Chulia und Church Street zur Telok Ayer Street, dort zum Thian Hock Keng-Tempel. Nebenan ist die Nagore Durga-Moschee. Weiter oben sind die Al-Abrar-Moschee und die Chinese Methodist Church sehenswert. Über die Amoy Street gelangt man zur Ann Siang Road und Club Street mit den historischen Häusern Nummer 33, 35, 81 und 85. Ein Bummel durch die China, Chin Chew, Nankin und Hokien Street zeigt Chinatowns beschauliche Seite.
Nicht zu übersehen ist der farbenprächtige, hinduistische Sri Mariamman-Tempel in der South Bridge Road. Von hier aus sind es nur ein paar Schritte zu den restaurierten Straßenzügen der Trengganu, Temple, Smith und Sago Street und zum Chinatown Complex-Markt. Die Tour endet im restaurierten Tanjong Pagar-Viertel um die gleichnamige Straße in einem der originellen Lokale oder in den Läden der Duxton Street und Neil Road. Weitere schöne Shophäuser bieten die Bukit Pasoh Road und Blair Road.
Unterkunft: (*) Majestic Hotel in 31 Bukit Pasoh Road und Great Eastern Hotel in 401 Macpherson Road. (**) Furama Hotel, 60 Eu Tong Sen Street; Amara Hotel, 165 Tanjong Pagar Road. (***) Zwei kleine und originelle Hotels in renovierten Shophäusern in Tanjong Pagar sind The Duxton, Duxton Road, und The Inn of the Six Happiness, Erskine Road.
Ausgehen: Foodzentren: Telok Ayer Market, Robinson Road/Cross Street; Maxwell Food Centre (Maxwell Road) und das Food Centre im Chinatown Complex (beide rustikal mit guter China- und Moslemküche).
Restaurants: (*) Chui Wah Lin und Tai Tong Hoi Kee (Teehaus, Dim Sum), beide in der Mosque Street; Moi Kong in der Murray Street (Hakka); Happy Realm im Pearl's Centre (Eu Tong Sen Street); Kingsland Vegetarian im People's Park Complex (beide vegetarisch); Duxton Deli in Duxton Hill. (**) Majestic in der Bukit Pasoh Road (Kanton); Delicious Kitchen Teochew und Hua Tuo Guan (chinesische »Herbal Cuisine«), beide an der Ecke Neil Road/Tanjong Pagar Road. (***) L'Aigle d'Or im Duxton Hotel. Bars und Pubs in der Duxton Hill Road, wie die Chicago Bar & Grill (Jazz) und Elvis' Place.
Einkaufen: Die großen chinesischen Einkaufszentren Chinatown Complex, People's Park Complex und People's Park Centre in der New Bridge Road sind preisgünstiger als die Zentren an der Orchard Road und abends bis 21.30 Uhr sowie sonntags geöffnet, aber nicht so gut sortiert.

REISE-INFO
VÖLKERMOSAIK SINGAPUR

Little India

Karte S. 113, Planquadrat A 4, 5.
Verkehrsmittel: Von der Orchard Road Busse 64, 65, 92, 106, 111, von Raffles City Busse 97, 146, 101, 103, 131. MTR: Bugis Street.
Sehenswürdigkeiten: Eine Tour durch Little India startet man am besten am Zhujiao-Markt an der Serangoon/Bukit Timah Road: unten ein Lebensmittelmarkt, oben werden Textilien verkauft. Indisches Lokalkolorit bieten die Seitenstraßen im unteren Bereich der Serangoon Road, so die Clive Street, Kampong Kapor, die Desker und Rowell Road. Sehenswert sind der Hindu-Tempel Srinivasa Perumal Kovil (geweiht dem Gott Vishnu, an der Kreuzung Serangoon/Perumal) und der Veerama Kali Amman-Tempel (Göttin Kali, Ecke Serangoon/Belilios Road), außerdem der Buddha-»Tempel der 1000 Lichter« mit seiner 15 Meter hohen Buddhastatue (Race Course Road 366).
Unterkunft: Die Bencoolen Street, Beach Road und die Nachbarstraßen sind das Zentrum für Billigunterkünfte, hier gibt es Schlafsaalunterbringung ab sechs Singapur-Dollar und spartanisch eingerichtete Zimmer ab 15 Dollar. Zimmer für durchschnittliche europäische Ansprüche kosten zwischen 20 und 50 Dollar, zum Beispiel (*) Shang Onn (Beach Road 37), Kam Leng (Jalan Besar 383), International (Jalan Besar 290), San Wah Hotel (Bencoolen 36), South East Asia Hotel, Victoria Hotel (Victoria Street 87).
Ausgehen: Die beste Adresse für indische Küche: (*) Banana Leaf Apollo (südindische Curries auf dem Bananenblatt) in der Race Course Road, Muthu's Curry (Nummer 76), Tandoori Restaurant und Annapoorna's (Imbiß), beide im Serangoon Plaza-Einkaufszentrum. (**) Komala Vilas (vegetarisch) in der Serangoon Road 76.
Einkaufen: Preiswerte Juweliere für Goldschmuck in der Serangoon Road. Gewürze gibt es in den Läden an der Ecke Serangoon Road/Dunlop Street. Die Clive, Hastings und Campbell Street sind Fundgruben für indische Musikkassetten, Parfümöle und Kosmetik.

Sichere Geldanlage: Goldschmuck

Arab Street

Karte S. 113, Planquadrat B 4, 5.
Verkehrsmittel: MRT zur Bugis Street, Bus 13 von der Orchard Road.
Sehenswürdigkeiten: Der Sultan-Moschee nähert man sich am besten von der Bussorah Street. Nicht-Moslems dürfen die Moschee nicht mehr betreten. Die Straße Sultan Gate führt zur Istana Kampong Glan (1840), die aber innen nicht besichtigt werden kann. Sehenswert sind die Moscheen Malabar Muslim Jama-Ath an der Victoria/Jalan Sultan Road und Hajjah Fatimah in der Beach Road.
Ausgehen: Moslemküche in der North Bridge Road: Victory (Nr. 701), Zam Zam (Nr. 699), Singapore (Nr. 697), Jubilee (Nr. 771).
Einkaufen: Gebrauchs- und Kunsthandwerk: Arab und Baghdad Street.

*siehe Allgemeine Reise-Informationen: Küche (S. 108), Unterkünfte (S. 110).

Der Löwe, ein Sinnbild für Stärke

Gebetsteppiche werden in den Läden der Arab Street verkauft

Vollgestopft bis zum Dach: Laden in Chinatown

Einladung für arabische Besucher

Zu den spannendsten Kapiteln Singapurs gehören die ethnischen Viertel. Wo sonst kann man durch eine kurze Busfahrt von China nach Indien gelangen und von dort fast nahtlos in die Welt des Vorderen Orients überwechseln? Obwohl die verschiedenen Völker Singapurs schon im vergangenen Jahrhundert einwanderten, sind sie bis heute Chinesen, Inder und Malaien geblieben, sprechen ihre eigenen Sprachen und pflegen ihre alten Bräuche.

Wieder im Dienst: Inn of the Six Happiness

GARTENSTADT SINGAPUR

Disney – Made in Singapore

Wenn auf dem Rennplatz die Pferde um die Bahn fegen, ist auf der Tribüne kein Halten mehr: Die chinesischen Singapurer sind begeisterte Spieler und Wetter. Erholung suchen sie in den Parks der Stadt, dem Zoo und in Vergnügungszentren nach Disney-Manier. Figuren aus der chinesischen Mythologie zeigt der Park Haw Par Villa (kleines Bild).

Ah Meng ist es gewohnt, im Rampenlicht zu stehen. Gelangweilt erträgt die kompakte Orang-Utan-Dame das Blitzlichtgewitter der Touristenkameras, derweil Junior beherzt in den üppigen Obstteller langt, sich Melonen, Papayas und Bananen fotogen in den Mund stopft und dafür lauten Applaus erntet. Kein Wunder, denn die »Clowns« karikieren die Menschen scheinbar so perfekt, daß jede ihrer Bewegung einen Lacher erzeugt. Frühstück mit Hautkontakt zu leibhaftigen Orang-Utans und Erinnerungsbild – das gibt es nur im Zoo von Singapur.
Auch sonst ist vieles anders in diesem »offenen« Tierpark. Die 2000 Affen, Elefanten, Bären, Echsen, Tiger und anderen exotischen Vierbeiner führen ein freies Dasein auf ihren von Gräben, Wasser und Felsen umgebenen »Eilanden«. Keine Käfige und Gitter stören den Blickkontakt zur größten in einem Zoo lebenden Menschenaffen-Kolonie, zu den Riesenechsen, den unheimlichen »Drachen von Komodo«, und dem anderen Getier, das in der sattgrünen Tropenlandschaft herumkreucht, klettert, schwimmt und springt.

Tiershows, Streichelzoo und Orchideen für die Botaniker

Singapurs junger Zoo hat die Erkenntnisse der anderen Weltzoos mit chinesischer Effizienz umgesetzt. Lustige Tiershows und ein Streichelzoo sorgen dafür, daß es niemandem langweilig wird, und selbst Hobbybotaniker kommen auf ihre Kosten: Ein paar Schritte vom Zoo entfernt tauchen sie ein in die zartlila- und rosafarbene, grün-, gelb- und orangegesprenkelte Blütenwelt des Mandai-Orchideengartens.
Parkanlagen, Gärten, Naturparks, Freizeitinseln – Singapur ist nicht nur eine prosperierende Wirtschaftsmetropole, sondern ein Freizeitdorado ohnegleichen. Gemessen an der Zahl ihrer Erholungs- und Unterhaltungsmöglichkeiten führen die Singapurer ein paradiesisches Leben. Die beneidenswert grüne Gartenstadt hat zudem überall unterhaltsame Farbtupfer gesetzt, eine Mischung aus Natur und Kunstwelten.
Allein im Industriegebiet Jurong auf der Westseite der Insel haben sich zehn Themenparks angesiedelt: Meisterstükke der Gartengestaltungskunst wie der Japanische und Chinesische Garten,

Grünes Singapur: Ausflug in den Botanischen Garten

Eine herrliche Fauna und Flora (fast) zum Anfassen erwartet die Besucher in den zahlreichen Parks und Gärten des Inselstaates. Im Zoo hindern natürliche Barrieren die Tiere an der Flucht, so daß man sie ohne störende Gitter beobachten kann. Wer mag, kann sogar mit einem leibhaftigen Orang-Utan frühstücken. Wo sonst gibt es das?

Singapurs Nationalblume: Vanda Miss Joaquin

Sonntagsvergnügen im Botanischen Garten

Krokodil im neuen Zoo der Stadt

Der Witz war gut: Frühstück im Zoo

Nashornvogel im Jurong Bird Park

das Töpferzentrum Ming Village und das »Jurong-Krokodilparadies«. Im Naturwissenschaftlichen Zentrum (Science Centre) gehen nicht nur wißbegierige Jugendliche aus Singapur gerne per Knopfdruck auf (geo-)physikalische Entdeckungsreisen, sondern auch die Jungen und Mädchen aus Europa.
Unterhaltung satt. Jedes Jahr verpackt der Inselstaat einen neuen Ausschnitt

Im Park gibt's was zu lachen

seines kulturellen Erbes in eine knallbunte Show. In der Tang Dynasty City, einer Mischung aus Freilichtmuseum, Dokumentarfilm und Lifeshow, setzen Akteure in historischen Kostümen das alte China und die Kaiserpaläste der Vorfahren inklusive ihrer Terrakotta-Armee effektvoll in Szene.

In Jurong fahren die Papageien Rad

Noch ein Superlativ im Freizeitdorado Singapur ist der Jurong-Vogelpark: 3000 Vögel, über 420 Arten leben dort. Zum Greifen nah erleben die Besucher den freien Flug buntschillernder Exoten, während sie durch eine originalgetreue Kunstlandschaft im größten »Vogelkäfig« der Welt wandern. Zur Gaudi der kleinen Besucher setzen sich auf der Jurong-Showbühne Papageien auf das Fahrrad. Wer keine Zeit hat, die (echten) Vogelsingwettbewerbe der Chinesen am Sonntag im Stadtviertel Tiong Bahru mitzuerleben, erhält beim »Frühstück mit den Vögeln« eine Kostprobe der gefiederten Sangeskunst.
Kein Wunder, daß Singapur oft mit einem riesigen Disneyland verglichen wird. Dabei kann der Inselstaat auch unverfälschte Natur vorzeigen, einen

echten Stadtdschungel zum Beispiel – nur 15 Minuten von der Orchard Road entfernt. 81 Hektar Regenwald bedekken Singapurs höchste Erhebung (162 Meter) mit einem dichten Teppich von über 700 seltenen Bäumen und Pflanzen.

Ein zweistündiger Naturspaziergang unter der sachkundigen Führung von Subaraj schlägt jeden Krimi: Da verbündet sich ein Busch mit Ameisen – der eine stellt die Wohnung in seinen hohlen Zweigen, die anderen vernichten dafür Feinde, die seine Blätter fressen wollen. Bäume wehren sich mit Gift gegen Anfassen, Menschen bekommen davon unangenehme Quaddeln. Palmen attackieren ihre Feinde mit bösen Dornen. Mit sehr viel Glück sieht man einen »fliegenden« Lemur oder eine Gruppe von Makaken, eine Affenart, in den bis zu 50 Meter hohen Baumkronen turnen.

Mangrovensumpf: Krabben, Reiher und Bienenfresser

Voller Wunder ist auch das Tierleben im Mangrovensumpf von Pasir Ris. Das Biotop mit den im Wasser wurzelnden Bäumen im Nordosten der Insel ist ein ideales Revier für Hobby-Ornithologen. Über 80 exotische Vogelarten teilen sich diese amphibische Welt mit Molchen, Fröschen, Wasserschlangen, Eidechsen und Sumpfkrabben. Je früher der Morgen, desto größer sind die Chancen, blauschillernde Eisvögel, grünblaue Bienenfresser, majestätische Fischreiher und zitronengelbe Pirole bei ihrer Jagd auf Eßbares zu beobachten.

Und das alles in Sichtweite einer der neuen Retorten-Wohnstädte. In den teilweise ultramodernen Wohnsiedlungen wie Pasir Ris, die über die gesamte Insel verbreitet sind, leben 87 Prozent aller Singapurer – auch typische Familien der Mittelklasse. Das staatliche Bauprogramm erleichtert es ihnen, Wohnungen in den Hochhäusern zu kaufen. Bereitgestellt wird praktisch nur der Rohbau mit den Installationen, die Restarbeiten führen die neuen Eigentümer aus. Das macht es billiger. Seit 1960 hat die Regierung fast 700 000 Wohnungen gebaut.

Wo die Menschen leben, sind auch ihre religiösen Stätten nicht weit. Der buddhistische Sion Lim Temple in Toa

Schwimmendes Restaurant im Hafen

Mit der Monorail läßt sich die Insel Sentosa erkunden

Eine Insel voller Attraktionen, das ist Sentosa. Selbst wenn man die schnelle Monorail oder die Londoner Doppeldeckerbusse nutzt, schafft man es kaum, alle Vergnügungszentren zu besuchen: Museen, das Aquarium, Parks nach Disney-Art. Es gibt aber auch »echte« Natur in Singapur, wie den Mangrovenwald von Pasir Ris.

Japanische Kapitulation in Wachs: im Pioneer-Museum auf Sentosa

In der Welt der Haie und Mantas: Underwater World auf Sentosa

Skurril sind die Szenen im Park Haw Par Villa

»Echte« Natur: Mangrovenwald von Pasir Ris

Payoh unterscheidet sich deutlich von den umtriebigen taoistischen Tempeln in Chinatown: In der Halle der vier Himmelskönige und den Nebenhallen von Sion Lim geht es viel beschaulicher zu. Die riesige Anlage von 1904 ist eine der größten in Singapur und zudem ein farbenprächtiges Beispiel chinesischer Tempelbaukunst.

Für Malaien war in Singapur kein Platz

Den neuen Wohnstädten auf der Insel mußten schon vor Jahren die typischen Dorfgemeinschaften (Kampongs) der Malaien weichen. Das erklärt, warum man nirgendwo in Singapur auf ein »Little Malaysia« stößt: Für die traditionelle Wohnweise dieser Menschen gab es im futuristisch denkenden Singapur keinen Platz mehr. Ihre Kampongs wurden abgerissen, und wie ihre chinesischen und indischen Landsleute mußten die malaiischen Familien in die modernen Wohnsiedlungen ziehen.

Einen Teil ihrer gewohnten Lebensweise behielten sie jedoch bei: In Woodlands und anderen Siedlungen sieht man am Sonntagmorgen, wie die Familien unten im Schatten ihrer Hochhäuser gemeinsam kochen und essen und vielleicht von den alten Zeiten träumen. Viele Malaien fahren noch gern auf die Märkte im Vorort Geylang. Dort ist das Angebot noch immer stark malaiisch geprägt, die Stände sind vollbepackt mit den scharfen Curries und Laksasuppen, und dort treffen sie ihresgleichen.

Nur die Ölraffinerie bietet ein Auskommen

Selbst auf den umliegenden Inseln sind Kampongs rar geworden. Würden nicht einige Malaien in der Ölraffinerie der Nachbarinsel arbeiten, so hätte wahrscheinlich auch die Insel (Pulau) Seking keine Lebensgrundlage mehr. Charakteristisch für ihr Dorf sind die luftigen Holzhäuser auf Stelzen, unter denen Ziegen, Katzen und Hühner herumstreunen. In der Inselmitte liegt ein islamischer Friedhof mit runden Grabsteinen für die Männer und Steinplatten für die Frauen.

Nur wenige Touristen verirren sich in das trinkwasserlose Inseldorf. Obwohl die Bewohner den stummen Gruß erwi-

dern, fühlen sich Besucher wie Eindringlinge, die pietätlos über den kleinen Moslemfriedhof unter den Frangipani-Bäumen streifen. Wie gut, im Dunstkreis am Horizont die Skyline von Singapur zu entdecken, obwohl sie in dieser dörflichen Umgebung wie eine Szene aus Utopia wirkt.
Auf der Rückfahrt durch den Hafen narrt die Phantasie die Augen. Steht dort nicht Joseph Conrad auf der Brücke einer dieser verrosteten Seelenverkäufer aus Java? Vielleicht ist sein Romanheld »Lord Jim« gar nicht umgebracht worden, sondern auf einer der Inseln untergetaucht.

Gierig stürzen sich die Moskitos auf das frische Blut

Es gibt sie noch, die Plätze, an denen die Kolonialzeit lebendig ist. Auf Pulau Ubin zum Beispiel. Auf der Insel an der Nordostküste scheint die Zeit vor 100 Jahren stehengeblieben zu sein. Klapprige Taxis und Mietfahrräder sind die einzigen Fahrzeuge, um das ursprüngliche Eiland zu entdecken. Abenteuerlustige Feinschmecker zieht es in die einfachen, namenlosen Fischlokale, wo es weder Tischtücher noch Klimaanlagen gibt, sondern nur die köstlich duftende Ernte des Meeres aufgehäuft auf Tellern und Schüsseln. Und Moskitos, die sich gierig auf das frische Blut vom Festland stürzen.

Sentosa: Freizeitlandschaften für die Fernsehgeneration

Andere Inseln gehören bereits zum indonesischen Riau-Archipel, wie Pulau Batam mit Hotels und zollfreien Läden und Pulau Bintan mit seinen Pfahlbausiedlungen. Manche der versteckten Inseln bieten Piraten Unterschlupf, die von dem Archipel aus die Straße von Malakka unsicher machen.
Im krassen Gegensatz dazu steht Sentosa. Auf der vorgelagerten Insel im Süden hat Singapur das Ideal einer Freizeitlandschaft entwickelt, maßgeschneidert für die heutige Fernsehgeneration: Unterhaltung am laufenden Band, ohne daß man selbst etwas dazu tun muß. Die über 20 Attraktionen vom Schmetterlingspark und Insektarium bis zu den »tanzenden« Wasserfontänen am Abend bieten Programm für mehrere Tage – obwohl eine futuristische Monorailbahn und Londoner Busse dafür sorgen, daß man schnell zwischen den fünf Welten Sentosas, seinen Stränden, den beiden Hotels und Golfplätzen herumkommt.
Und immer noch öffnen neue Attraktionen ihre Pforten, wie das »asiatische Dorf« und die »Unterwasserwelt«. In diesem Superlativ huschen lebende Haie und Riesenmantas über den Köpfen der Zuschauer hinweg, während diese auf dem Rollband in eine phantastische Unterwasserwelt entschweben.

Malaiisches Dorf auf Pulau Seking

Jogger im Botanischen Garten

Szene im Chinese Garden

REISE-INFO
GARTENSTADT SINGAPUR

Parks und Gärten

Außerhalb der Karte.
Verkehrsmittel: Botanischer Garten: Bus 7 von der Orchard Road; Haw Par Villa: Bus 143; Tiong Bahru: MRT nach Tiong Bahru.
Sehenswürdigkeiten: Der Botanische Garten lockt mit seiner Palmen- und Orchideenvielfalt. Frühmorgens sieht man Jogger und Tai Chi-Übende (Schattenboxen). Eine originelle Attraktion ist der Vogelsingwettbewerb im Coffee Shop Ecke Seng Poh/Tiong Bahru Road; die Männer bringen ihre Vögel auch zum Frühstück mit.
Westliche Besucher können mit den grotesken, grausigen Figuren und Szenen aus der chinesischen Mythologie im Haw Par Villa meist wenig anfangen.

Jurong (West)

Außerhalb der Karte im Westen.
Verkehrsmittel: Bird Park: Bus 198 von der Orchard Road bis Jurong, dann Umsteigen auf Bus 250, 251, 253. Ming Village: Umsteigen in Jurong auf Bus 245. Chinese und Japanese Garden: MRT bis Chinese Garden. Tang Dynasty: MRT bis Lakeside, weiter mit Taxi oder Bus 240. Science Centre: Bus 7 bis Jurong East, weiter mit 335.
Sehenswürdigkeiten: Die Attraktionen im Jurong Bird Park sind das größte Freiflugnetz der Welt, das Nachtvogelhaus, das Frühstück mit den Vögeln und weitere Vogelshows (9 bis 18 Uhr täglich). Ming Village: In dieser Porzellanmanufaktur werden Kopien von antiken Vasen hergestellt (von 9 bis 17 Uhr). Weitere Attraktionen in Jurong sind der Chinese und Japanese Garden (von 9 bis 19 Uhr), Tang Dynasty City und das Science Centre.
Ausgehen: In allen Parks Imbißstände und Fast food-Restaurants. Empfehlenswert ist das Jurong Seafood Restaurant, 35 Jurong Pier, Nähe Vogelpark.

Singapur-Zoo, Bukit Timah

Außerhalb der Karte im Norden.
Verkehrsmittel: Zoo und Orchid Garden: Bus 171 von der Orchard Road.
Sehenswürdigkeiten: Nah beieinander liegen der Singapur-Zoo mit seinen Tiershows und dem Orang-Utan-Frühstück sowie der Mandai Orchid Garden an der Mandai Road auf dem Weg zum Zoo. Naturliebhaber erkunden den Dschungel Bukit Timah an der Upper Bukit Timah Road am besten mit einem Naturführer. Gut für Naturbeobachtungen sind die Wasserreservate Seletar beim Zoo (Zugang von der Mandai Road), Lower und Upper Peirce (von Bukit Timah aus) und MacRitchie (Eingang von der Lornie Road).
Geführte Touren: R. Subaraj (8, Jalan Buloh Perindu, Singapur 1545, Tel. 4 49 14 53) bietet nach Absprache eine halbtägige Natur- und Vogelbeobachtungspirsch durch Bukit Timah und Pasir Ris und Touren nach Wunsch.

Pasir Ris, Pulau Ubin, Changi

Außerhalb der Karte im Osten.
Verkehrsmittel: Pasir Ris: MRT bis Pasir Ris. Pulau Ubin: mit Bus 82, 83 nach Ponggol Point am Nordende der Insel, von dort mit dem Sampan übersetzen. Changi: Bus 13, 195 von der Orchard Road bis Victoria, dann Bus 1, 2 nach Changi Village. Geylang: MRT bis Paya Lebar, Bus 7 von der Orchard Road.
Sehenswürdigkeiten: Pulau Ubin bietet ursprüngliches Inselleben, Mangroven und Fischlokale. Ein Bohlenweg führt durch die Mangrovensümpfe von Pasir Ris mit ihrem reichen Vogelleben. Changi Village ist ein nettes Städtchen mit eigenem Strand; von Changi Point kann man auch nach Pulau Ubin übersetzen. Geylang und Katong sind noch stark malaiisch geprägte Vororte, deren Shop- und Terrassenhäuser in den Seitenstraßen (vor allem in der Joo Chiat Road und -Terrace von Katong) zum Bummeln einladen.
Unterkunft: Entlang der Geylang Road preiswerte Travellerunterkünfte: (*) Yong Nan Hotel (182 A/B), Hup Hoe (586 A), Meng Yew (488) und Yew Lian (549). Pulau Ubin: nur primitive Schlafsaalunterkunft. (***) Meridien Changi Resort in Changi.
Ausgehen: In Pulau Ubin viele kleine Fischrestaurants, in Changi Village die Charlie's Snack Bar, in Geylang das Haig Road Food Centre sowie in Katong und East Coast Park das UDMC Seafood Centre.

Entspricht allen Klischees: der Chinese Garden

Insel Sentosa

Außerhalb der Karte im Süden.
Verkehrsmittel: Bus 143 bis World Trade Centre (WTC), von dort mit dem Shuttleboot oder der Seilbahn.
Sehenswürdigkeiten: Eine anschauliche Lektion über Singapurs Kolonialgeschichte erteilt das Museum Pioneers of Singapore und Surrender Chamber. Empfehlenswert sind außerdem folgende Attraktionen: Underwater World, Asia Village und eine Fahrt mit der Monorail über die Insel. Sonntags sollte man Sentosa meiden.
Unterkunft: (***) Shangri-La Rasa Sentosa Resort und Beaufort Hotel. Wer abends gern ausgeht, wohnt besser in der Stadt.
Ausgehen: (*) Rasa Sentosa Food Centre, Fr, Sa und So Nachtmarkt von 18 bis 22 Uhr.

Insel-Ausflüge

Außerhalb der Karte im Süden.
Verkehrsmittel: St. John's und Kusu: vom WTC werktags nur zwei Fähren, neun an den Wochenenden. Nach Pulau Seking und Pulau Hanto kein regulärer Service; Sampans können an der Clifford Pier und am World Trade Centre angeheuert werden.
Sehenswürdigkeiten: Außer Sentosa, Pulau Ubin und Pulau Seking lohnen allenfalls noch St. John's und Kusu einen Besuch.

* siehe Allgemeine Reise-Informationen: Küche (S. 108), Unterkünfte (S. 110).

DER GESCHN

Nudelmacher in Malaysia

ACK ASIENS
Maggi
ASIA NUDEL SNACK
"AYAM – HUHN"
Eine Einladung zu einem leichten, feinen Hühner-Nudel-Snack mit der typischen asiatischen Note
Die Asia Nudel Snacks von Maggi.
Würzig, delikat und authentisch asiatisch im Geschmack. Denn die Asia Nudel Snacks werden in Malaysia hergestellt. In original Qualität, mit asiatischen Nudeln und Gewürzen. Mal als pikanter Snack zwischendurch, mal als kleines Nudelgericht.
Nur von Maggi.
Maggi®

KUALA LUMPUR, MELAKA

Spielball der Kolonialmächte

Erst kamen die Portugiesen, dann unterhielten die Holländer einen Außenposten in Melaka. Als im Jahr 1795 die Engländer Penang als Stützpunkt vorzogen, fiel die Stadt in einen langen Dornröschenschlaf. Melaka ist ein beschauliches Kontrastprogramm zu Kuala Lumpur: In der malaysischen Hauptstadt bestimmen moderne Hochhäuser das Stadtbild.

Träge windet sich der Fluß durch das historische Melaka

Holländisches Erbe: die Christ Church

Die portugiesische Zeit spiegelt sich vor allem in den Gesichtern Melakas wider: In der geschichtsträchtigen Handelsmetropole lebt die größte Gruppe der malaysischen Eurasier. Nur die Porta de Santiago weist noch auf die ersten Kolonialherren hin, ansonsten wirkt der Altstadtkern wie die Kopie eines holländischen Städtchens. Das Stadthuys und die Christ Church könnten auch in Amsterdam oder Amersfoort stehen. Wer durch die pittoresken Straßen der Altstadt bummelt, stößt in den Antiquitätenläden auch auf merkwürdige Gebrauchsgegenstände der Chinesen und Nonyas – wie auf die chinesischen Schuhe für das einst übliche qualvolle Kleinbinden der Füße.

Prachtvolle Holzbauweise: der alte Sultanspalast

Die Porta de Santiago erinnert an die portugiesische Zeit

Freiluftbüro eines Schreibers am Fluß

Treppenaufgang eines Melaka-Hauses

Grün, grün, grün. Kaum hat der Bus die hektische Industriestadt Johor Bahru an der Grenze zu Singapur hinter sich gelassen, schieben sich sattgrüne Wälder, grünwucherndes Dickicht und Ölpalmen in den Blick. Grün ist Malaysias Farbe: Grün ist der Dschungel, der einst das Land zu vier Fünfteln und jetzt immer noch zur Hälfte bedeckt, grün sind die Kautschuk- und Ölpalmen-Plantagen, die heute statt der Regenwälder das flimmernde Asphaltband der Nationalstraße Nummer 1 säumen. Das Grün begleitet den Bus während der fünfstündigen Fahrt von Singapur bis Melaka.

Der alte koloniale Name fließt viel eleganter von der Zunge – Malakka. Und er läßt die Phantasie sofort in exotische Gefilde entschweifen: Dhaus aus Afrika und Indien, Dschunken aus China, Klipper, Dampfschiffe, vollbeladen mit Gewürzen, Weihrauch, Seide, Edelsteinen. Gerissene indische Händler, geschäftstüchtige portugiesische und holländische Kaufleute, verwegene Piraten. Melaka, Malaysias älteste Stadt auf halbem Weg zwischen Singapur und Kuala Lumpur, erfüllt diese Versprechungen fast mühelos. Zwar sind seine Glanzzeiten dahin, aber überall in den verschlafenen Gassen der Altstadt weht noch ein Hauch seiner bewegten Kolonialgeschichte.

500 Jahre ist es her, daß die Portugiesen auf der Suche nach neuen Handelsbeziehungen hier vor Anker gingen. Damals war Malakka schon die reichste und mächtigste Stadt in Südostasien.

Elfenbein und Perlen gegen Gewürze und Porzellan

Der Monsun trug Schiffe aus allen Himmelsrichtungen an die Nahtstelle von zwei bedeutenden Handelsrouten zwischen Indien und China. Die Kaufleute brachten Perlen, Weihrauch, Elfenbein, Stoffe und tauschten sie gegen Gewürze, Gold, Silber und Porzellan ein. Und sie verbreiteten ihre Religionen. Der Hinduismus löste den Buddhismus ab, von den Persern und südindischen Tamilen übernahmen die Malaien die Lehren des Koran und machten den Islam zu ihrer Hauptreligion. Ihre Herrscher nannten sich fortan Sultan und residierten in prächtigen Palästen (Istana). Trotz seiner Macht gelang es den Portugiesen 1511, Malakka zu erobern und den Sultan zu stürzen. 130 Jahre währte die portugiesische Besetzung. Der Handel mit Pfeffer und Gewürzen brachte ihnen ein Vermögen ein, und ihr Einfluß dauert bis heute an: In der Portugiesensiedlung am Stadtrand sprechen die 500 Nachkommen der europäischen Siedler noch eine antiquierte Form des Portugiesisch aus jener frühen Zeit. Allerdings sieht man ihnen ihre urspüngliche Herkunft nur noch entfernt an, da sie sich – anders als die Briten – viel stärker mit den Einheimischen vermischt haben.

Die Portugiesen brachten Malakka wenig Glück

Weniger erfolgreich waren dagegen ihre Christianisierungsversuche unter dem Missionar Francis Xavier, dem »Apostel Asiens«: Nur wenige katholische Kirchen konnten sich halten.

Schuhe für kleingebundene Füße

Die ungeliebten Portugiesen mehrten ihren Reichtum, brachten Malakka aber kein Glück. Der Glanz der Stadt wurde stumpf und kam auch unter den Holländern nicht mehr zurück, die im Jahr 1641 als Zeichen der Machtübernahme ihre Flagge auf der Festung A Famosa hißten. In den darauffolgenden 160 Jahren prägten sie das Stadtbild ihres Außenpostens, den sie von Batavia, der heutigen indonesischen Hauptstadt Djakarta, aus verwalteten. Das lachsrot getünchte Ensemble aus Stadthuys (Rathaus von 1650) und Christ Church (1753) am Platz vor der Mündung des Melaka Rivers im Stadtzentrum könnte glatt als Kopie eines historischen holländischen Städtchens durchgehen, wären nicht die nach Kunden klingelnden malaiischen Trishawfahrer und ihre pittoresken Dreiräder.

Als Stamford Raffles um 1795 den Engländern Malakka schmackhaft machte, wollte er die Stellung der Briten auf der

malaiischen Halbinsel festigen. Doch als Handelsstützpunkt der East India Company war die Insel Penang im Norden auserkoren. Malakka fiel in einen glücklichen Dornröschenschlaf, von dem es erst in jüngster Zeit aufwacht, seit sich hier Industrieunternehmen aus der Hauptstadt und aus Singapur vermehrt ansiedeln.
So hat sich Melaka, dies ist der malaiische Name, noch fast originalgetreu erhalten. Die häßlichen Hochhäuser beschränken sich auf die Neustadt jenseits des Melaka Rivers, während sich die Altstadt so beschaulich wie vor hundert Jahren gibt. Nur an den reichdekorierten Shophäusern in der Jonkers Street (Jalan Hang Jebat) hat der Zahn der Zeit kräftig genagt.

Dschunken dümpeln im brauntrüben Fluß

Die Antiquitätenläden sind auf chinesische Art vollgestopft mit allen Herrlichkeiten Asiens. Aus den prächtigen Ahnenhallen der Millionärsmeile (Jalan Tun Tan Cheng Lok) dringt Weihrauch und dumpfes Trommeln, und unten am brauntrüben Fluß dümpeln schwerbeladene Dschunken. Barken schippern vorbei an den traditionellen Pfahlbauten der Malaien, Briefeschreiber bieten ihre Dienste an wackligen Tischchen im Schatten der Bäume am Fluß an. Als einziges Zugeständnis an die Neuzeit bedienen sie alte Schreibmaschinen.
Ein Musterbeispiel für die religiöse Vielfalt Malaysias ist die Jalan Tokong Emas oder Temple Street. Vier Weltreligionen sind hier präsent: der Islam in der Kampong Kelim-Moschee, der Hinduismus im 200 Jahre alten Temple of Vinayagar, der Buddhismus in einem neuen Tempel und die Drei-Säulen-Religion der Chinesen (Taoismus, Buddhismus, Konfuzianismus) im chinesischen Cheng Hoon-Tempel. Er ist ein wunderschönes Beispiel für die alte Tempelbauweise von Nangking: Auf den typisch geschwungenen Ziegeldächern »kämpfen« farbenprächtige Dämonen aus Porzellan- und Glasplättchen.
Die vielen Völker, die in Malakka ankamen, haben ihre Spuren hinterlassen, nicht nur im Stadtbild, sondern auch in den Gesichtern der Bewohner. Beim Abendessen im Nonya-Restaurant Olé Sayang oder einem anderen Treffpunkt der Eurasier und der Peranakan sind die

Kuala Lumpur: Wache vor dem Königspalast

Der Cheng Hoon-Tempel in Melaka

Die Masjid Jame-Moschee

Zeugnis britischer Kolonialarchitektur: das Gebäude Sultan Abdul Samad

Melaka: Ein Ochsenkarren erinnert an frühere Zeiten

Straßenszene am Central Market

Wie es sich für eine Hauptstadt geziemt, wartet auch Kuala Lumpur mit einer modernen Skyline auf. Sie verbirgt nur mühsam, daß die Stadt in den 140 Jahren ihres Bestehens planlos gewachsen ist. Da ein richtiges Stadtzentrum fehlt, fällt es schwer, sich zu orientieren. Markante Punkte sind nur die prachtvollen Kolonialgebäude aus britischem Erbe. Die schönsten dieser Häuser, die sich durch eine Vielzahl von Türmchen, Kuppeln, Bögen und Zinnen auszeichnen, sind der Bahnhof, der Sultan Abdul Samad-Bau und die Masjid Jame-Moschee. Die Shophäuser am Central Market tragen dagegen den unverkennbaren Art-Deco-Stil der späten dreißiger Jahre.

Besucher aus Europa fasziniert: Unglaublich, welch interessante Gesichter die Vermischung der Kulturen in sechs Jahrhunderten hervorgebracht hat. Die Eurasier als Nachkommen europäisch-chinesischer oder -malaiischer Beziehungen sind nur ein Teil dieses multikulturellen Mixes, ebenso wie die Nonyas und Babas (Peranakan) aus chinesisch-malaiischen Verbindungen. Diese malaiisierten Chinesen haben ihren eigenen Bau- und Einrichtungsstil entwickelt, sie kleiden sich traditionell chinesisch oder malaiisch, und sie sprechen eine eigene Form der Landessprache Bahasa Malaysia.

Das indische Pendant zu den Peranakan sind die Malacca Chitty. Sie gingen aus Ehen von indischen Hindus mit Malaiinnen hervor und sprechen malaiisch, blieben jedoch ihrem Hinduismus treu.

Zurück in die Neuzeit: das moderne Kuala Lumpur

Das vertraute Grün der sanften Hügellandschaft und Plantagen begleitet den Bus auch auf seiner vierstündigen Reise von Melaka in die Hauptstadt Kuala Lumpur. Tollkühne Wolkenkratzer-Schöpfungen aus Beton und Glas und stinkende Autoschlangen holen die Reisenden in die Neuzeit zurück. Die Hauptstadt wetteifert dem Vorbild Singapurs nach, mit den Betontürmen demonstriert sie das neue Selbstbewußtsein Malaysias. Aber es gelingt ihr nicht, ihren Besuchern länger als einen Blick zu imponieren, die verwirrt und ergebnislos auf der Suche nach einer Innenstadt über die vier- und sechsspurigen Alleen, durch gigantische Shopping-Komplexe, über Märkte und enge Gassen, durch Menschengewirr und betäubenden Verkehr irren.

Orientalische Türmchen schmücken den Bahnhof

Die erst 140 Jahre alte Kapitale Malaysias ist schnell und planlos gewachsen, die urbanen Zentren liegen über die Stadt verstreut: die Geschäftsstraßen Jalan Bukit Bintang mit ihren Kaufhäusern, Kunsthandwerkszentren und Hotels im Westen, der Bahnhof mit seinen orientalischen Türmchen, Zinnen und Minaretten und die hypermoderne National-Moschee als architektonisches

Kontrastprogramm dazu im Süden, die quirlige Chinatown in der Mitte, das Regierungsviertel mit dem Parlamentsgebäude im Osten, die Residenz des Königs (Istana Negera) im äußersten Süden und ein weiteres Geschäftszentrum mit imposanten Shopping-Plazas im Norden.
Wäre die Hauptstadt nicht Ausgangspunkt für Rundreisen durch das Land,

Die Batu Caves sind ein Pilgerziel

würde es sich nicht lohnen, in Kuala Lumpur Station zu machen – es sei denn, man hat ein ausgesprochenes Faible für die Attraktionen einer modernen Metropole, für ihre kulturelle Vielfalt und die Fülle ihrer Geschäfte, Restaurants, Märkte und exotischen Nachtmärkte und den Glanz eleganter Hotels.

Ein chinesischer Boß brachte den Aufschwung

Auch die Historie Kuala Lumpurs verblaßt hinter der Melakas und Penangs. Die »schlammige Flußmündung« war anfangs nur das, was ihr Name besagt. Kuala Lumpur oder kurz »KL« (ausgesprochen: kee äll), entstand für chinesische Arbeiter in Zinnminen als Hüttensiedlung am Zusammenfluß des Klang und Gombak. Ihren Aufschwung verdankt sie Yap Ah Loy, dem Kapitan China (chinesischer Boß) und tüchtigen Vorsteher der chinesischen Gemeinde, und Frank Swettenham, dem britischen Gouverneur des Sultanats Selangor. Er machte KL zur Hauptstadt der Region und im Jahr 1886 auch des neugegründeten malaiischen Staatenbundes. Kuala Lumpur blieb auch das politische und administrative Zentrum, als das damalige Malaya 1957 unabhängig und 1963 zur Föderation Malaysia erweitert wurde.
So verstreut wie die urbanen Zentren liegen die Sehenswürdigkeiten in Kuala

272 Stufen führen zum Eingang der Batu Caves

Menschenmassen: Nachtmarkt in der Chinatown

Minarett am Bahnhof

Wie ein Palast: die Bahnverwaltung

Lumpur. Die Weitläufigkeit und stickig-feuchte Hitze machen jede gute Absicht, sie zu Fuß zu entdecken, zunichte. Eine Altstadt gibt es nicht. Daß die Stadt an einigen Stellen dennoch ziemlich orientalisch aussieht, verdankt sie ausgerechnet den nüchternen Briten. Ähnlich wie in den indischen Städten Bombay und Kalkutta bauten sie ihre öffentlichen Gebäude im verspielten, von der indischen und islamischen Kultur geprägten Stil. Die eindrucksvollsten Beispiele sind der Bahnhof und das Haus der Eisenbahnverwaltung gegenüber, die alte Hauptpost, der Oberste Gerichtshof und das Sultan Abdul Samad Building, die mit ihren Kuppeln, Türmchen und maurischen Tor- und Fensterbögen wie Paläste aus Tausendundeiner Nacht wirken.

Indische Läden und eine prachtvolle Moschee

Im selben Stil erhebt sich am Zusammenfluß von Klang und Gombak die Geburtsstätte Kuala Lumpurs, die Masjid Jame-Moschee. Die günstigste Zeit, ihren Anblick zu genießen, ist abends vom gegenüberliegenden Ufer, wenn die untergehende Sonne ihre rote Farbpalette über den Minaretten, Bogen und Türmchen ausschüttet.

Zuvor erschließt ein Nachmittagsbummel über die Jalan Tuanju Abdul Rahman und ihre Seitenstraßen Jalan Melayu und Masjid India das farbenfrohe indische Viertel, seine bunten Läden und Straßenküchen. Das ist auch die Zeit, um über den malerischen Central Market mit seinen vollgestopften Souvenirläden zu bummeln und sich in den nahen, gemütlichen Bars und Bistros auszuruhen, bevor man sich in den Trubel des nächtlichen Chinatown-Marktes stürzt.

Genau 272 Stufen Mühsal führen hinauf in die verzauberte Welt der Batu Caves, 13 Kilometer vor den Toren der Stadt. Doch der Anblick dieses gigantischen Höhlentempels der Hindus lohnt den Aufstieg. Es ist kaum auszudenken, daß hier beim hinduistischen Thaipussam-Fest Hunderte von Gläubigen in Trance hinaufklettern. Dieser rauschähnliche Zustand verhindert, daß die Gewichte, die an Haken in der Bauch- und Rückenhaut hängen, und die mit Spießen durchstochenen Wangen und Zungen bluten und schmerzen.

Am Zusammenfluß des Gombak und Klang entstand Kuala Lumpur als Siedlung für die Arbeiter in den Zinnminen. Von dem ursprünglichen Hüttendorf ist es nicht weit nach Chinatown, wo abends der lebhafte Nachtmarkt aufgebaut wird. Rustikale Straßenlokale und die an Ständen angebotene Billigware locken Besucher aus allen Stadtteilen an.
Der Aufstieg kostet einige Mühe, aber es lohnt sich, die Stufen zu den Batu Caves vor den Toren der Stadt zu erklimmen. Als Belohnung winken eindrucksvolle Höhlentempel und lustige Begegnungen mit den ewig hungrigen Affen.

Zu einer Hauptstadt gehören auch verstopfte Straßen

Konkurriert mit Singapur: Kuala Lumpurs Skyline

REISE-INFO
KUALA LUMPUR, MELAKA

Kuala Lumpur

Karte. S. 112, Planquadrat E 2.
Anfahrt: Internationaler Flughafen mit Verbindungen nach Europa. Zug von Singapur und in Richtung Norden (Penang, Thailand). Busse.
Verkehrsmittel: Bus Nummer 47 vom Airport zur Jalan Sultan Mohamed; für einen Taxi-Transfer kauft man einen Coupon in der Ankunftshalle. Das dürftige Bussystem ist schwer zu durchschauen. Wer wenig Zeit hat, vertraut besser auf Taxis. Da der reguläre Preis am Taxameter extrem niedrig ist, versuchen viele Taxifahrer, ohne ihn auszukommen. In diesem Fall sollte man vorher einen Preis aushandeln.
Sehenswürdigkeiten: Für einen Rundgang zu Fuß eignet sich das koloniale KL. Er sollte den Merdeka Square (Padang) mit dem Selangor Club, die maurischen Gebäude (Sultan Abdul Samad), das alte Rathaus (Dewan Bandaraya) und den Obersten Gerichtshof (Mahkamah Tinggi) sowie den Bahnhof einschließen, außerdem die Masjid Jame-Moschee am Zusammenfluß des Klang und Gombak und den Central Market mit seinen vielen Kunsthandwerkläden (bis 21 Uhr). Von dort sind es nur ein paar Schritte bis Chinatown, das eigentlich erst abends mit dem Nachtmarkt in der Jalan Petaling auflebt.
Ein Stück altes Kuala Lumpur kann man noch im indischen Viertel zwischen Jalan Tuanku Abdul Rahman und der Masjid India bis Jalan Melayu sehen.
Eine Abteilung im Nationalmuseum zeigt die vielfältigen Trachten und Kostüme im Vielvölkerstaat Malaysia.
Ausflüge: Batu Caves, 13 Kilometer nördlich der Stadt an der Straße nach Ipoh, Anfahrt mit Minibus 11 von der Jalan Pudu. Neben den Haupthöhlen am Fuß der Treppen oben ist die Höhlengalerie mit Szenen aus der Hindu-Götterwelt sehenswert. An die Straße nach Ipoh grenzt auch der Naturpark Templer mit Dschungelvegetation, Lagunen und Felsformationen. Wer sich für Ureinwohner interessiert, sollte das Orang Asli-Museum an der Straße nach Genting Highlands nicht verpassen, freitags geschlossen (Len Seng Bus 168, Mimaland).
Unterkunft: Billige Travellerhotels im Umkreis der Jalan Tuanku Abdul Rahman, in der Jalan TAR und in Chinatown, zum Beispiel Travellers Moon Lodge, Jalan Silang. In Bahnhofsnähe ist das KL Youth Hostel, Jalan Kampung Atap; YWCA (für Frauen) in der Jalan Hang Jebat. (**) Federal Hotel (Jalan Bukit Bintang), Hotel Furama (Jalan Sultan), Pudu Raya (im Gebäude des Busbahnhofs), Holiday Inn City Centre (Jalan Raya Laut). (***) Ein Hoteljuwel aus den besten Kolonialtagen ist das Carcosa Seri Negara.
Ausgehen: Ein Dutzend einfacher, aber guter chinesischer Restaurants in den Querstraßen zum Nachtmarkt in Chinatown. In den großen Shopping-Zentren gibt es Restaurants für jeden Geschmack und Food-Zentren mit asiatischen Küchen, ein sehr originelles zum Beispiel im 4. Stock von The Mall in der Jalan Putra. Nett sind die Bistros und Bars um den Central Market.
Eine interessante kulinarische Erfahrung ist auch der Sonntagsmarkt (nur Samstag abend) in Kampong Bahru (mit dem Taxi), dort gibt auch sehr ansprechende Antiquitätengeschäfte. (**) Malaiisch: Yazmin, Jalan Kia Peng. Indisch: Bangles in der Jalan Tuanku Abdul Rahman. (***) Eden im Eden Village ist bekannt für exzellente Fischküche. Bars & Discos: Betelnut in der Jalan Pinang, CeeJahs hinter dem Shangri-La.
Einkaufen: Über die Stadt verstreut mehr als 20 riesige Shopping-Zentren, teils an der Jalan Bukit Bintang (Bukit Bintang Plaza) teils im Norden wie The Mall in der Jalan Putra. Billigware gibt es auf dem Chinatown-Nachtmarkt, Mitbringsel im Karyaneka Handicraft Centre und im Central Market.

Einkaufszentrum in Chinatown

Information: TDC-Information Counter im Putra World Trade Centre, Jalan Tun Ismail. Zentraler liegt das Visitors Centre an der Jalan Sultan Hishamuddin 3.

Melaka

Karte S. 112, Planquadrat F 3.
Anfahrt: Am schnellsten erreicht man Melaka von Singapur (250 Kilometer, fünf Stunden) oder Kuala Lumpur (150 Kilometer, viereinhalb Stunden) aus mit den klimatisierten Überlandbussen, die fast stündlich fahren. Die langsameren Züge aus beiden Richtungen halten im gut 20 Kilometer entfernten Tampin, von dort Bus oder Taxi.
Sehenswürdigkeiten: Ideal sind zwei Tage für Melaka. Die Stadt kann man zu Fuß und per Fahrradrikscha (Trishaw) entdecken; Preis vorher aushandeln.
Ein Bummel durch das historische Melaka beginnt am Platz vor dem Stadthuys (hier befindet sich auch die Tourist Information) mit dem sehenswerten historischen Museum und führt zu den Ruinen der St. Paul's Church und zur Porta de Santiago (Reste des portugiesischen Forts), dann zum Sultanspalast und Bukit China. In der Chinatown mit ihren Tempeln (Jalan Tokong), Antiquitätenläden (Jalan Hang Jebat) und Shophäusern, Ahnenhallen und dem Baba Nonya Heritage Museum (Jalan Tun Tan Cheng Lock) sollte man sich treiben lassen. Die Geschichte Melakas zeigt die Vorführung Light & Sound (täglich 21.30 Uhr am Padang).
Unterkunft: (*) Wisma Hotel, 114 A Jalan Bendahara; Majestic Hotel, 188 Jalan Bunga Raya; außerdem viele einfache Chinesenhotels. (**) Merlin Inn, Jalan Munshi Abdullah. (***) Sehr komfortabel ist das Ramada Renaissance Hotel mit Schwimmbad und einem hinreißenden Blick auf die Altstadt.
Ausgehen: Hoe Kee Chicken Rice ist der beste China-Imbiß für Hainan-Hühnchen mit Reis (Jalan Hang Jebat). Einfach und gut ist das Gartenlokal Melaka Pandan direkt unter der Touristeninformation, außerdem gibt es ein Dutzend rustikale Open-air-Satay- und Fischimbißlokale an der Jalan Taman. (**) Ole Sayang für echte Nonya-Küche und das stilvolle Perenakan Restaurant.

* siehe Allgemeine Reise-Informationen: Küche (S. 108), Unterkünfte (S. 110).

PENANG, LANGKAWI Die »Perle des Orients«

Erfolgreich hat Georgetown auf der Insel Penang bislang allen Modernisierungsversuchen getrotzt. Die Stadt ist vergleichsweise beschaulich, Shophäuser mit Reklameschildern säumen die Straßen und machen immer wieder Platz für Tempel (kleines Bild). Die 99 Langkawi-Inseln sind ein Ziel für Urlauber, die abschalten wollen.

»Denkmal« eines Chinesen: der Uhrturm

Die Altstadt von Georgetown hat radikalen Modernisierungsversuchen bis heute getrotzt

Der britische Händler Francis Light

Schöne Kolonialarchitektur: das ehemalige Rathaus

Auf den ersten Blick wirkt die »Perle des Orients« und Malaysias Touristenziel Nummer eins wie ein altes Schmuckstück, das durch langes Tragen an manchen Ecken spröde geworden ist. Aber wer sein Herz und seine Augen öffnet, entdeckt hinter der Patina der 286 Quadratkilometer großen Insel Penang ein vibrierendes Mini-Malaysia, das alle Vorzüge und Attribute des Landes vereint: Strände, Palmen, abwechslungsreiche Landschaft, komfortable Hotels, liebenswürdige Menschen, allen voran jedoch das kostbarste Juwel: das alte Penang, die Inselhauptstadt Georgetown.

Beschaulich wie vor 50 Jahren: Trishaws bestimmen das Bild

Es grenzt an ein Wunder, daß die drittgrößte Stadt Malaysias bislang fast allen Modernisierungsversuchen getrotzt hat: Georgetown ist noch so beschaulich wie vor 50 Jahren. Nicht Autos, sondern Trishaws und Zweiräder bestimmen das Bild in den engen Straßen. Shophäuser in allen Farben und Formen reihen sich aneinander und machen immer wieder Platz für Tempel und prunkvolle Clanhäuser. Malerische Alleen wie die Jalan Sultan Ahmad Shah (die Millionärsmeile), Jalan Burma, Jalan MacAlister und die Esplanade mit einer grandiosen Sammlung prachtvoller Kolonialgebäude aus der Zeit der Briten runden das Bild ab. Nicht einmal dem einzigen auffälligen Sündenfall, dem gigantischen Einkaufskomplex Komtur, gelingt es, den Zauber dieser lebendigen Vergangenheit zu stören.
Als größte Bevölkerungsgruppe prägen die unermüdlich geschäftigen Chinesen das Stadtbild. Aber vor allem die Völkervielfalt macht die einzigartige Atmosphäre Georgetowns aus: Im alten Penang spürt man die Intensität der multikulturellen Gesellschaft noch stärker als in den anderen Städten. 220 000 Chinesen leben hier Tür an Tür mit indischen Hindus und Moslems, mit Malaien, Eurasiern, Indonesiern, Thais und wenigen Europäern – jede Volksgruppe nach ihrer Façon, mit ihren eigenen Lebensgewohnheiten, eigenen Tempeln und ihren jeweiligen Küchen.
Selbst die Gerüche unterscheiden sich. Der süße Duft von Jasmin und Sandelholz kündigt an der Leboh Queen/Leboh Pasar zuerst an, daß hier Chinatown nahtlos in Little India übergeht. Erst dann nehmen es die Augen wahr: Sie blicken plötzlich in dunkelbraune Gesichter und auf leuchtende Saris. Verführerischer Brotduft aus Roti-Bäckereien steigt in die Nase. In den Schaufenstern blinken Lichterketten, Blütenkränze und glitzernde Armreifen

Bestes Beförderungsmittel: die Trishaw

Eine Rundfahrt mit einer Trishaw ist die beste Art, die Altstadt von Georgetown zu erkunden und den Spuren ihrer bewegten Kolonialgeschichte zu folgen. Sie führen in die Zeit, als die Briten noch das Kommando führten. Prachtvolle Kolonialvillen und alte christliche Friedhöfe erinnern an jene Zeit. Die andere Seite Penangs ist sein unverkennbar chinesisch geprägtes Ambiente: die typischen Shophäuser, die unzähligen Tempel und prunkvollen Clanhäuser, emsige Menschen, Essensdüfte und vollgestopfte Chinesenläden.

Auf dem alten Protestanten-Friedhof ruhen viele Pioniere

funkeln in den Auslagen, und aus den Ladentüren fällt der melodische Rhythmus von Sitar und Tablas und der beschwingte Singsang von Hindi-Songs. Und nur ein paar Schritte entfernt entzünden chinesische Taoisten im alten Kuan Yin-Tempel an der Leboh Pitt ihre Weihrauchstäbchen und verbrennen Papiergeld für die Geister ihrer Ahnen. Weihrauchschwaden wabern über den Opfertisch, auf dem Frauen und Männer symbolisch das Festmahl für ihre Vorfahren aufgebaut haben. Knusprige Enten und gegrillte Ferkel, Süßigkeiten und Früchte liegen für den Schmaus der Götter und Ahnen bereit. Doch nach Ende der Zeremonie verschwinden die Essensgaben wieder in den Einkaufstaschen, um daheim im Familienkreis genußvoll verzehrt zu werden. Chinesischer Pragmatismus. Durchdringend ruft derweil die Lautsprecherstimme des Muezzins in der Kapitan Keling-Moschee nebenan die moslemischen Malaien zum Gebet.

Silbermünzen im Dschungel – Köder für die Arbeiter

Wie könnte man Georgetown besser entdecken als aus der Perspektive einer Trishaw. Mit etwas Glück erwischt man einen Fahrer wie Yusuf Kadir, der es versteht, den neugierigen »Langnasen«, wie die Weißen scherzhaft genannt werden, seine Stadt und ihre Vergangenheit nahezubringen. Zum Beispiel durch die Geschichte des englischen Händlers und Repräsentanten der britischen East India Company, Francis Light, der dem Regenten Kedahs im Jahr 1786 den Besitz über die Insel Penang gegen die Zusage abschwatzte, ihm gegen die angriffslustigen Thais beizustehen. Doch die Briten dachten nicht im Traum daran, das Versprechen einzulösen und bauten Pulau Pinang, so der malaiische Name, zu einer rasch aufstrebenden britischen Handelsniederlassung aus.

Auch beim Bau des Fort Cornwallis ging Francis Light trickreich vor: Da der dichte Dschungel zunächst gerodet werden mußte, ließ der clevere Kaufmann kurzerhand eine Kanone mit Silbermünzen in den Wald abfeuern, worauf die indischen Arbeiter sich mit Feuereifer an die Arbeit machten.

Unterwegs in Georgetown: Per Trishaw geht es die Lebuh Light entlang und vor-

Jedes Detail in der Clanhalle Koo Kongsi ist von Meisterhand gefertigt

Der Kuan Yin ist Penangs ältester chinesischer Tempel

bei an prächtigen Verwaltungsgebäuden im Kolonialstil: dem Obersten Gerichtshof, dem Mariner's Club, dem markanten Clock Tower und dem alten Rathaus. Abends, wenn die Händler ihre mobilen Küchen am Esplanade-Nachtmarkt aufbauen, erstrahlt das ehemalige City Council im Lichterglanz. Und auch in der Lebuh Pantai, dem Finanzviertel, sind noch viele hi-

Drachen und Dämonen: der Thai-Tempel

storische Gebäude zu sehen; in den schönsten residieren heute internationale Banken.

Protziger Tempel eines Clans: Koo Kongsi

Dann eine versteckte Seitengasse der Leboh Pitt – und man erstarrt: Koo Kongsi. Haben die Augen je so protzig zur Schau gestellten Reichtum gesehen? Allein das fein geschwungene Dach des chinesischen Privattempels trägt auf seinen Ziegeln 25 Tonnen »tanzende Drachen«, Pagoden, kämpfende Dämonen und Schutzgötter aus Stein, Porzellan und Glas. Drinnen schmücken vergoldete, filigrane Schnitzereien den Altar, meisterhafte Wandfresken und Skulpturen erzählen Bildergeschichten aus der chinesischen Mythologie. Über ihnen spannen sich goldlackierte, geschnitzte Decken, gestützt von üppig verzierten Säulen.

Clanhaus

Schutzgottheit im Tempel

Penang ist die Insel der Tempel. Unzählige chinesische Gotteshäuser, Andachtshäuser der großen Familienclans und Ahnenhallen zu Ehren der verstorbenen Vorfahren stehen einträchtig nebeneinander. Ergänzt werden sie durch buddhistische und burmesische Tempel, Meditationszentren, Thai-Klöster, Moscheen und Kirchen. Kaum anderswo lassen sich die Weltreligionen auf so engem Raum betrachten.

Bombastischer Prunk: der Aufgang des Koo Kongsi-Clanhauses

Nein, an den Kongsi der Koo-Familie kommt kein anderes Clanhaus in Penang heran. Dabei gibt es hier Hunderte dieser privaten Andachts- und Versammlungsstätten reicher chinesischer Familienverbände – die Straßen zwischen Leboh Pitt und Leboh Pantai sowie Leboh Chulia bis Leboh Acheh sind voll von Clanhäusern: dem der Cheahs, der Yeohs, der Lims.

Inseln der Andacht und ein liegender Buddha

Wie viele es sind? Die Antwort auf diese Frage bleibt Penang schuldig. Wer anfängt, die Tempel, Ahnenhallen und Clanhäuser zu zählen, wird wahrscheinlich irgendwann zwischen 93 und 189 erschöpft aufgeben – es müssen viel mehr sein. Allein in der Leboh King stehen mehr als ein Dutzend Ahnenhallen (Räume mit Altären für die Schutzgötter zu Ehren der verstorbenen Vorfahren) fast nebeneinander.
Und nicht eingerechnet die Tempel der nichtchinesischen Bevölkerungsgruppen: der indische Sri Mariamman-Tempel in der Leboh Pitt zum Beispiel, der burmesische Tempel und direkt gegenüber das vielbesuchte Thai-Kloster Wat Chayamangkalaram mit seinen urigen Tempelwächtern. Innen birgt es einen 30 Meter langen ruhenden Buddha, eine der größten Statuen dieser Art in Asien. Schließlich die Inseln der Meditation und der Andacht, wie das alte buddhistische Thai-Kloster Wat Buppharam und die Penang Buddhist Association, die sich in ein wundervolles Kolonialgebäude zurückgezogen hat.

»Special price« für Batik und elegante Seide

Vielleicht liegt es an der Größe Georgetowns, daß sich ein Inselgefühl auf Penang nicht so recht einstellen will. Immerhin zählt die Stadt 400 000 Einwohner, weitere 100 000 verteilen sich auf die gesamte Insel. Vielleicht liegt sie auch einfach zu nah am Festland – so nahe, daß Penang 1985 durch ein gigantisches, 13,5 Kilometer langes Brükkenbauwerk mit der Hafenstadt Butterworth an der Küste verbunden wurde. Auf der Schiffahrtsstraße dazwischen ist heftiger Verkehr, denn schließlich ist Penang auch ein lebhafter Hafen.
Viele Touristen schätzen Georgetown

Jedes Plätzchen wird genutzt in diesem mobilen Laden

Pengkalan Weld: Über Plankenwege erreichen die Bewohner ihre Häuser

Zuckerrohrsaft auf dem Nachtmarkt am Guerney Drive

Frisches Obst gibt es in der Chulia Street

Wo viele Chinesen leben, wird gern und üppig gegessen. Penang hat sich deshalb auch als Feinschmekkerparadies einen Namen gemacht. Von Laksa und Curries, Satés mit Erdnußsauce bis zu gebratenen Tintenfischen und gegrillten Hummern gibt es alles, was der Gaumen begehrt.

Eine Legende: das E & O Hotel in Penang

Tintenfische zum Abendessen gefällig?

wegen eines anderen Vorteils: In der Leboh Campbell, Leboh Chulia und Leboh Penang und ihren Seitenstraßen locken so manche Schnäppchen: T-Shirts in allen Farben, Taschen, kunstvolle Batiken, elegante Seide, exotische Chinasouvenirs, Antiquitäten, Kopien von Designerware und zollfreie Artikel aller Art. »Special price, nur fünf Ringgit«, wer kann den schmeichelnden Rufen der Händler schon widerstehen?

Dampfende Garnelen und Spieße in Erdnußsoße

Nach dem Einkaufsbummel wird es Zeit, sich den kulinarischen Höhepunkten Georgetowns zu widmen. Chinesen, Inder, Malaien, Thais, Indonesier, sie alle tragen dazu bei, daß man sich wie im Schlaraffenland vorkommt, etwas Abenteuerlust vorausgesetzt. Ob duftende Curries, köstliche Nudelsuppen, dampfende Chili-Garnelen oder würzige Satayspieße mit Erdnußsauce – wer diese wunderbare Vielfalt der Küchen nicht ausprobiert, verpaßt eine der reizvollsten Seiten Malaysias.

Die alte Zahnradbahn ächzt und stöhnt, aber dann schafft sie es doch bis zur Bergstation des Penang Hill. Das frühe Aufstehen hat sich gelohnt, auf der Terrasse des Bellevue Hotels können sich die Augen nicht sattsehen: Unten Georgetown im zartblauen Morgendunst, dahinter drängen sich bereits die Berge der Provinzen Kedah und Perak. In 830 Meter Höhe ist die Luft frisch und erquickend, endlich kann man wieder einmal durchatmen. Wer Lust zum Wandern verspürt, hat hier die Gelegenheit: Zahlreiche Pfade führen vom Penang Hill aus über die ganze Insel.

Vorbei an Plantagen und idyllischen Pfahldörfern

Die meisten Besucher werden sie jedoch lieber mit dem Auto oder Reisebus umrunden. Die Tour führt zum eindrucksvollen Kek Lok Si-Tempel bei Ayar Itam mit seiner mächtigen Pagode, vorbei an Plantagen und idyllischen Kampongs (Dörfern) mit ihren traditionellen Pfahlhäusern. Nelken, Muskat und die stachlige Stinkfrucht Durian werden in ihrer Umgebung hauptsächlich angebaut. Aber der Hunger muß warten bis Balik Pulau, wo es in Kim's

Abendstimmung am Batu Ferringhi-Strand auf Penang

Fischerboote in Georgetown

Laksa Stall die besten Laksa-Suppen Penangs gibt: »Assam« oder »lemak«, sauer oder auf Thai-Art mit Kokos, fragt der Inhaber mit einem breiten Lächeln. Natürlich beide Varianten – wie die anderen Gäste auch.

Im Norden endlich die Strände: Batu Ferringhi, Tanjung Bungah, Teluk Bahang, dahinter im Dutzend die großen Ferienhotels. Wer die Einsamkeit sucht,

Festliche malaiische Hochzeit

Wahrzeichen: der Kek Lok Si-Tempel in Penang

wendet sich lieber den versteckten Sandstreifen an der Nordwestspitze Mukah Head zu. Doch die Traumstrände und das kristallklare Wasser der Reiseprospekte sollte man besser auf den Inseln der Ostküste suchen – im Westen sind sie rar.

Das Grün Malaysias ist auch die Farbe Langkawis. Zartgrüne Reisfelder, in denen urige Büffel grasen, dschungelbedeckte Hügel und Wiesen. Die nördlichste Inselgruppe Malaysias in Sichtweite zu Thailand ist eine beschauliche, ländliche Idylle und der Hauptort Kuah trotz seiner neuzeitlichen Duty-free-Shops kaum mehr als ein verschla-

Das Golden Sands Hotel ist Treffpunkt für Strandfans

Schöne Strände sind an der Westküste Malaysias rar. Dafür bieten die Ferienzentren auf Penang viel Kultur, gute Hotels, Unterhaltung, Nachtleben und eine urbane Atmosphäre. Wer in erster Linie ein Badeziel und Ruhe sucht, wird die kleine Insel Pangkor und das ländlich-idyllische Langkawi vorziehen. Fähren verbinden die Eilande regelmäßig mit dem Festland, und Langkawi wird von Deutschland aus auch direkt angeflogen. Die Aktivitäten beschränken sich auf Baden, Wassersport, Inselerkundungen mit dem Fahrrad und Bootsausflüge auf eine der 98 Nachbarinseln.

Strandleben am Monkey Beach

fenes Nest, das vom Tourismus überrascht worden zu sein scheint und ihn noch nicht so recht wahrhaben will. Aber mit dem Frieden für die 30 000 Einwohner wird es bald vorbei sein, denn die Regierung hat beschlossen, Langkawi zu einem Ferienzentrum auszubauen – nicht nur für Ausländer, sondern mit preiswerten, bis zu 1000 Betten großen Massenresorts auch für die Malaien.

Strände, grüne Hügel und Ruhe: die 99 Langkawi-Inseln

Langkawi ist ein Ziel für Touristen, die abschalten wollen und deren Ferienglück darin besteht, sich tagsüber am Strand zu tummeln und allenfalls ein wenig Wassersport zu treiben. Wer aufregendes Nachtleben erwartet, ist vorerst besser in Penang aufgehoben.

Aber gerade diese Unverbrauchtheit macht den Reiz aus: Nur die Hauptinsel der 99 Langkawi-Eilande ist erschlossen. Die Strände sind nicht überlaufen, keine aufdringlichen Händler stören die Ruhe, die sattgrüne Hügellandschaft verwöhnt die Augen, und wer Lust auf Aktivitäten spürt, kann per Fahrrad oder mit dem Auto das Hinterland und seine Dschungel entdecken. Wem der 200 Quadratkilometer große Auslauf nicht reicht, der kann sich auf die Insel Dayang Bunting übersetzen lassen und im »See des schwangeren Mädchens« baden. Danach sollen, so erzählt es die Legende, viele Frauen Mutterfreuden entgegengesehen haben.

Zum Ausspannen bieten auch das verträumte Pangkor und seine kleine Schwester Pangkor Laut südlich von Penang auf der Höhe von Ipoh das richtige Umfeld. Auf den kleinsten der drei Inselreviere an der Westküste teilen sich jeweils nur ein Hotelresort und eine Handvoll einfacher Bungalow-Herbergen das Eiland mit ein paar tausend Fischern. Schöne Sandstrände, einsame Lagunen, Korallenbänke zum Tauchen und Schnorcheln, eine üppige Tropenflora und -fauna und reizvolle Dschungelwege sind die Hauptattraktionen von Pangkor. Das zwölf mal vier Kilometer große Eiland läßt sich sich am besten per Fahrrad oder Motorrad entdekken. Mit etwas Glück und Geduld kann man von der Inselstraße aus balzende Nashornvögel und fliegende Echsen beobachten.

Inselidylle: Reisfelder und Palmen auf Langkawi

Entdeckungen auf Langkawi: per Boot ...

... in Höhlen und Grotten

Insel Penang

Karte S. 112, Planquadrat B 1.
Anreise: Die meisten Touristen fliegen direkt von Europa nach Penang. Außerdem gibt es tägliche Linienflüge mit MAS von Kuala Lumpur, Langkawi, Ipoh, Singapur und der Ostküste. Für die 18 Kilometer vom Flughafen nach Georgetown nimmt man am besten ein Taxi, Coupons gibt es in der Ankunftshalle.

Auf dem Landweg sind Überlandbusse nach Butterworth von allen größeren Städten Malaysias die schnellsten Verkehrsmittel, von dort geht es nahtlos weiter nach Georgetown. Die langsamere Alternative sind Züge von Kuala Lumpur, Ipoh und Singapur sowie von Bangkok und Hat Yai in Thailand, die ebenfalls an der Fährstation von Butterworth halten.

Zu den 16 Kilometer von der Stadt entfernten Stränden Batu Ferringhi und Teluk Bahang kommt man am bequemsten mit dem Taxi, viel billiger jedoch mit den blauen Bussen, die vom Ferry Terminal abfahren.

Sehenswürdigkeiten: Die Hotels bieten organisierte Ausflüge an. Penang läßt sich aber ebensogut auf eigene Faust mit dem Mietwagen und Bussen entdecken. Eine Rundfahrt um die Insel (74 Kilometer/ein Tag mit Pausen) sollte sich jeder gönnen, um ein Gefühl für die Vielfalt Malaysias zu bekommen. Ausflüge an den Wochenenden sollte man meiden.

Von Batu Ferringhi an der Nordküste aus empfiehlt sich ein Besuch der Butterfly Farm in Teluk Bahang (4000 tropische Schmetterlinge). Hinter Batu Ferringhi ist der erste Stopp am Botanischen Garten mit seiner üppigen Tropenflora (Erdnüsse und Bananen für die Affen nicht vergessen). Einen Kilometer vor dem Park steht Penangs größter Hindu-Tempel, Nattukkotai Chettiar.

Das nächste Fahrtziel ist der Kek Lok Si-Tempel bei Ayar Itam, eine große buddhistische Anlage und beliebtes Pilgerziel mit verschiedenen Hallen auf mehreren Ebenen und einer großen »Pagode der 10 000 Buddhas«. Den Schlangen-Tempel im Süden kann man getrost links liegen lassen, er ist zu einem Touristenspektakel verkommen.

Einplanen sollte man im Inselsüden dagegen einen Abstecher zum Fischerdorf Batu Maung, um dort im Fischrestaurant auf Stelzen zu Mittag zu essen, und lohnenswert ist auch der Umweg zu den kleinen Stränden von Gertak Sanggul.

Die Straße ins Inselinnere führt vorbei an Gewürzfarmen, Obstplantagen und malaiischen Kampongs (Dörfern) unter Palmen. Bevor die Straße die Nordküste erreicht, passiert sie den Titi Kerawang-Wasserfall, in dessen Pool man ebenso baden kann wie in den natürlichen Becken des Forest Recreation Parks kurz vor Teluk Bahang.

Für einen Ausflug mit der 70 Jahre alten Zahnradbahn auf den 840 Meter hohen Penang Hill sollte man sich einen Extratag vornehmen. Vom Hügel führen Wanderwege zum Wasserreservoir von Ayar Itam, zur Talstation und zum Botanischen Garten.

Unterkunft: (*) Batu Ferringhi: ein paar einfache Gästehäuser wie Ali's und Beng Keat Guest House. Weitere Guest Houses in Teluk Bahang: Miss Loh und Rama's. Die meisten Rucksackreisenden wohnen in Georgetown, wo es Billighotels en masse gibt. (**) Penang Hill: Das charmante Bellevue Hotel mit der grandiosen Aussicht ist für ein, zwei Tage eine abwechslungsreiche Alternative. Batu Ferringhi: Palm Beach und Lone Pine. (***) Teluk Bahang: Mutiara Beach, das beste Strandhotel Penangs für höchste Ansprüche. Batu Ferringhi: Shangri-La Rasa Sayang, ein exzellentes Haus mit einer hübschen Gartenanlage. Die originellste Poolanlage bietet zwei Häuser weiter das Shangri-La Golden Sands. Preislich günstiger sind das Holiday Inn mit komfortablen Zimmern und das Casuarina Beach.

Ausgehen: Es bleiben fast nur die zahlreichen Hotelrestaurants zu entsprechenden Preisen, dafür in allen denkbaren Varianten. Darüber hinaus: The End of the World in Teluk Bahang, ein einfaches, aber schön gelegenes Fischrestaurant am Anlegesteg von Teluk Bahang, sowie im Dorf einige einfache malaiische Lokale. Batu Ferringhi: Papa Din's Bamboo Restaurant. Pulau Balik: Kim's Laksa Food Stall.

Einkaufen: In Batu Ferringhi die Yahong Art Gallery mit schöner Kunst und großer Auswahl an Kunsthandwerk. Teluk Bahang: Batikfabriken zum Besichtigen und Einkaufen; die Preise sind höher als in der Stadt, aber die Qualität ist gut.

Information: s. Georgetown.

REISE-INFO
PENANG, LANGKAWI

Hotelanlage auf Langkawi: das Pelangi Beach

Georgetown (Penang)

Karte S. 112, Planquadrat B 1.
Verkehrsmittel: Das gängigste Verkehrsmittel für kurze Strecken und Stadtbesichtigungen ist die Trishaw (Fahrradrikscha) für etwa 12 Ringgit pro Stunde, je nach Verhandlungsgeschick (Taxis kosten 15 bis 20 Ringgit). In den Hotels hängen meist Tarifbeispiele für Taxistrecken aus.

Sehenswürdigkeiten: Sehenswert sind die Kolonialgebäude in der Lebuh Light, der Lebuh Farquhar (dort auch der Old Protestant Cemetery nur 200 Meter vom berühmten Kolonialhotel Eastern & Oriental – kurz E & O – entfernt) und vor allem an der Jalan Sultan Ahmad Shah, der Jalan Burma und Jalan MacAlister. Mittelpunkt des historischen Penangs ist das Fort Cornwallis an der Esplanade, der Clock Tower am Beginn der Lebuh Pantai, außerdem die Kirche St. George's an der Lebuh Bishop. Die Leboh Pitt führt geradewegs zum ältesten Chinesentempel der Stadt, Goddess of Mercy Temple (Kuan Yin), und zur ebenso alten Kapitan Keling-Moschee.

Auf den Straßen zwischen der Lebuh Pitt und der Lebuh Penang erstreckt sich Little India. Die Lebuh King zwischen Lebuh Pasar und Lebuh China ist voller Ahnenhallen. Auf keinen Fall versäumen sollte man die Kongsis in der Lebuh Armenian (Koo Kongsi) und Lebuh Ah Quee.

Im übrigen läßt man sich am besten durch die Straßen der Chinatown treiben. In der McNair Road und ihren Seitenstraßen kann man noch wundervolle alte Shophäuser sehen. Zum Thai-Kloster Wat Chayamangkalaram und burmesischen Tempel nimmt man am besten ein Taxi.

Unterkunft: Es gibt eine große Anzahl billiger und einfachster Chinesenhotels, wie das Swiss Hotel, Tye Ann oder das Eng Aun an der Lebuh Chulia. Mehr Komfort bieten das etwas teurere Cathay und das Waldorf Hotel an der Lebuh Leith 13 und 15. (**) Hotel Malaysia, Oriental Hotel und Continental, alle an der Jalan Penang. Die besten Häuser sind das E & O Hotel, das Shangri-La Hotel, das City Bay View und Merlin Inn.

Ausgehen: Georgetown bietet eine Fülle von Restaurants in allen Kategorien: Die beste und eine sehr preisgünstige Gelegenheit, malaiische Spezialitäten auszuprobieren, sind Food-Zentren am Gurney Drive (schöne Stimmung am Meer) und an der Esplanade.

Für Chinarestaurants ist vor allem die Lebuh Cintra eine gute Quelle, für Hainan Chicken and Rice (Hühnchen nach Tainan-Art) das Sin Kuan Hwa Café an der Ecke Lebuh Chulia. Empfehlenswert ist auch das Nonya-Restaurant Dragon King in der Leboh Bishop. In Little India locken indische Lokale, wie Dawood in der Lebuh Queen, Yasmeen an der Jalan Penang, Taj an der Lebuh Campbell. Wer den Imbißständen nicht traut, findet auch im Einkaufszentrum Komtar eine Auswahl an Restaurants. (**) Gute Küche im Shangri-La mit wechselnden Buffets und Dim Sum-Mittagessen. Dort auch Abendunterhaltung.

Als Hafenstadt verfügt Georgetown natürlich über zahlreiche Bars und entsprechende Etablissements. Wer nur gemütlich ein Bier trinken möchte: Fun Pub in der Lebuh Leith, Boston Pub in der Penang Road und Tiger Bar in der Leboh Muntri. In einigen Hotels gibt es auch Discos.

Einkaufen: Einkaufsdorados sind die Jalan Penang, Jalan Campbell und Lebuh Chulia mit ihren unzähligen Läden und kleinen Märkten, außerdem das Einkaufszentrum Komtar.

Warten auf Kundschaft: Trishaws in Penang

Information: Penang Tourist Information, Jalan Barakbah, beim Clock Tower, außerdem Tourist Information der TDC, zwei Türen weiter.

Langkawi

Karte S. 112, westlich von Alor Setar (Planquadrat A 1).

Anreise: Per Flugzeug von Deutschland, Kuala Lumpur und Penang, mit Überlandbussen oder Überlandtaxis von Butterworth bis zu den Fähranlegern in Kuala Kedah (drei Autostunden) und Kuala Perlis ganz im Norden (vier bis fünf Stunden). Von beiden Anlegern fahren mehrere Fähren täglich in einer guten Stunde nach Kuah auf Langkawi. Außerdem geht fünfmal wöchentlich eine Fähre von Penang aus (Asia Ferry).

Sehenswürdigkeiten: Eine Inselrundfahrt erschließt die landschaftlichen Reize Langkawis. Sehenswert sind das Grab der Prinzessin Mahsuri, um die sich eine der vielen Legenden Lankawis rankt, und der Wasserfall Telaga Tujuh. Außerdem kann man Dschungelwanderungen am Gunung Matcincang und Gunung Raya sowie Bootsfahrten zur Insel Dayang Bunting und dem »See des schwangeren Mädchens« unternehmen.

Unterkunft: (*) Am Pantai Cenang reihen sich die meisten preiswerten Bungalowanlagen, wie Semarak Beach Resort und Sandy Beach. Weiter nördlich am Kok Beach bietet sich The Last Resort an, eine einfache, aber behagliche Bungalowanlage mit 20 Chalets direkt am Strand. (**) Beach Garden Resort, ein kleines, von zwei Deutschen geführtes Strandhotel neben dem Pelangi Beach; Langkawi Village Resort am Pantai Tengah, eine neue Anlage; Bureau Bay Resort, nettes Mittelklasseresort am Pantai Kok. (***) Pelangi Beach Resort, eines der schönsten Resorthotels Malaysias; die Chalets und Bungalows sind im malaiischen Stil aus Holz gebaut; Langkawi Island Resort, eine schöne, lebhafte Anlage, leider ohne eigenen Strand; das Sheraton am Pantai Kok liegt ziemlich isoliert.

Ausgehen: An der Hauptstraße in Kuah gibt es eine Fülle von einfachen Restaurants, zum Beispiel Orkid (Fisch), Fatt Thai und K. K. Chapati (indisch). Im übrigen sind die Hotels eine gute Quelle. Am Cenang Beach ist das Restoran Chenang hervorragend für Fisch; (**) Biergarten im Beach Garden Resort.

Strände: An den beliebtesten Stränden Pantai Cenang, Pantai Tengah und Pantai Kok ist das Wasser durch die nahen Reisfelder meist trüb. Die schönste Badebucht der Insel liegt im äußersten Norden: Pantai Rhu.

Pangkor

Karte S. 112, Planquadrat C 1.

Verkehrsmittel: Anreise von Kuala Lumpur oder Penang nach Ipoh (Flug, Bus, Zug) von dort mit einem Überlandtaxi oder -bus nach Lumut (100 Kilometer), dann weiter mit der mehrmals täglich verkehrenden Fähre.

Unterkunft: (*) Einfache Bungalowanlagen am Strand von Pantai Bogak, wie Pangkor Anchor. (**) Sea View. (***) Pan Pacific Resort, von Tropenwald umgeben in einer guten Anlage. Noch origineller ist das Pangkor Laut Resort auf der Nachbarinsel mit seinen zum Teil ins Wasser gebauten Chalets im malaiischen Stil.

* siehe Allgemeine Reise-Informationen: Küche (S. 108), Unterkünfte (S. 110).

Drachen auf dem Dach vertreiben böse Geister

Beliebtes, wegen der Piraten aber gefährliches Segelrevier: die Straße von Malakka

Die Capitan Kling-Moschee in Georgetown

Am »See des schwangeren Mädchens«

Chinesische Tempeldächer sind am Dachfirst immer nach innen geschwungen, damit keine bösen Geister in das Innere der Gebäude vordringen können, sondern zurückkatapultiert werden. Drachen auf dem Dach verstärken diesen Schutz. Aus diesem Grund befinden sich auch Dämonen an den Tempeltüren und Schwellen, auf die man niemals treten sollte, um den bösen Geistern keine Brücke zu bauen.

Prachtvoller Kolonialbau an der Jalan Sultan Shah in Penang

HOCHLAND

Tee, Tudor und Dschungeltrekking

Das gemäßigte Klima in den Cameron Highlands schafft ideale Bedingungen für den Anbau von Tee, der vor allem von tamilischen Pflückern geerntet wird. Die Briten brachten nicht nur den Tee in diese Region, sondern hinterließen auch Fachwerkhäuser im Tudor-Stil. Der Taman Negara bietet erlebnisreiche Trekkingtouren.

Wie ein Samtteppich überziehen Teeplantagen die Hügel

Tamilische Familie vor ihrem Heim

Die Orang-Asli sind die ältesten Bewohner West-Malaysias. Man nimmt an, daß sie sich schon vor 7000 Jahren auf der Halbinsel ansiedelten. Ihre Zahl schätzt man auf etwa 60 000. Die scheuen Jäger wohnen meist zurückgezogen in den Wäldern und ernähren sich von dem, was der Wald und die Flüsse hergeben. Ihre Beute jagen sie mit giftigen Pfeilen, die sie zielsicher aus Blasrohren abschießen. Zugewandert sind in jüngster Zeit auch die tamilischen Plantagenarbeiter. Sie stammen aus Südindien und sind an die harte Arbeit auf den Teeplantagen gewöhnt, für die sie nur einen kargen Lohn erhalten.

Wasserfall in den Cameron Highlands

Üppige Flora findet man in den Wäldern

In zahllosen Kurven windet sich die Straße von Tapah hinauf ins Cameron-Hochland. Mühsam bricht die Sonne durch die Kronen der Urwaldriesen und Bambushaine. Die Augen baden in diesem satten Grün des tropischen Berglandes. Grün klettert an den Hängen hinauf, Grün ergießt sich in den Wasserfall am Straßenrand. Farnbäume sprießen in zartem Grün aus dem Unterholz heraus, ihre Kronen wirken wie Riesenblüten in einem Märchenland.
Eine frische Brise bringt die von der Tropenhitze matten Lebensgeister wieder auf Trab: In 1600 Meter Höhe unterscheiden sich die Temperaturen kaum von denen in westeuropäischen Breitengraden, und für Touristen wird ein Ausflug in die Cameron Highlands zur willkommenen Rast von der dampfenden Feuchthitze im Flachland. Das bemerkte vor gut 100 Jahren auch der englische Kartograph William Cameron, als er das Hochplateau 170 Kilometer südöstlich von Penang besuchte. Die britische Kolonialverwaltung legte das

Orang-Asli jagen noch mit dem Blasrohr

Gebiet daraufhin als »Hill station«, als Sommerfrische für ihre Beamten, an.
Das alte Fachwerkhaus im Tudor-Stil mit hohen Kaminen, aus denen Rauchwölkchen in den Himmel steigen, ist daher keine Sinnestäuschung, sondern eine urbritische Bastion mit allem, was dazugehört. Wer sich in die Sessel des Ye Old Smokehouse hinter Tana Rata fallen läßt, versinkt in viktorianischem Plüsch. In den Kaminen prasseln Feuer, das Essen schmeckt so, wie man es von britischer Küche erwartet, und selbst die Gesprächsthemen in der gemütlichen Bar unterscheiden sich wohl nicht sonderlich von denen vor 80 Jahren.
Mit den Engländern fanden die Teepflanzer in dieses Hochland. Wie Samtteppiche überziehen Teesträucher kilometerweit die sanfte Hügellandschaft. Die überall aus dem Grün ragenden braunen Kleckse entpuppen sich bei näherem Hinsehen als Strohhüte, zu denen schüchtern lächelnde Gesichter gehören. Südindische Tamilen – sie gelten als die besten Teepflücker – sammeln bis zu 40 Kilo Teeblätter am Tag für einen kargen Lohn. Die Plantagen gewinnen daraus durch Trocknung und Fermentierung etwa vier Kilo brühfertigen Tee. Die blauen Siedlungen der Tamilen bilden einen eigenwilligen Farbkontrast zu den Teeplantagen.

Hütten mit Wellblech: das neue Leben der Orang-Asli

Das milde Klima ist nicht der einzige Grund, ins Hochland zu fahren, denn dort lassen sich interessante Dschungelwanderungen unternehmen. Zuweilen begegnet man in den Titiwangsa-Bergen einer Gruppe von Orang-Asli. Besonders glücklich sehen die ursprünglichen Menschen nicht aus – das seßhafte Leben in den wellblechgedeckten Hütten ihrer neuen Dörfer, wie es die Regierung ihnen schmackhaft machen will, scheint ihnen nicht sonderlich zu bekommen. Wer kann es diesen Naturvölkern verdenken.
Vor 7000 Jahren, lang bevor die Malaien auftauchten, bevölkerten die drei Volksgruppen Senoi, Proto-Malaien und Negritos und ihre zahlreichen Untergruppen bereits die malaiische Halbinsel. Die scheuen Nomaden leben als Jäger zurückgezogen im Dschungel. Sie jagen mit giftigen Pfeilen, die sie zielsicher aus Blasrohren schießen, und sie ernähren sich von dem, was der Wald und die Flüsse hergeben. Aber die rücksichtslose Rodung des Urwaldes zerstört ihre traditionelle Lebensgrundlage. Manche verdingen sich heute als Dschungelführer oder Lohnarbeiter auf Plantagen, andere hocken mit stumpfen Gesichtern am Wegrand und dienen Touristen für ein paar Ringgit als Fotomotive. Ein Bild des Jammers.
Bis nach Ipoh kann man an klaren Tagen vom 2030 Meter hohen Gipfel des Gunung Brinchang sehen. Die Fahrt in die Provinzhauptstadt führt durch ausgedehnte Teeplantagen und vorbei an einem Gemüsemarkt, auf dem alle Schätze des Hochlands ausgebreitet liegen: Tomaten, Blumenkohl, Möhren,

Urbritische Bastion: Ye Old Smokehouse …

… mit der Gemütlichkeit vergangener Zeit

Salat, Gurken und Erdbeeren – eine sehr europäische Mischung. Exotik einmal umgekehrt, nicht für die Touristen, sondern für die Malaien.

Dem Zinn verdankt Ipoh seinen Wohlstand

Unten im Flachland holt einen die Hitze wieder zurück ins tropische Malaysia. Je näher Ipoh rückt, desto häufiger breiten sich rechts und links der Straße brache »Mondlandschaften« aus: Abraumhalden der Zinnminen. Ipoh liegt auf dem größten Zinnlager der Welt und verdankt dem Metall auch seine Entstehung. Von ihm leitete Malaysia als größter Zinnexporteur der Welt schon im vergangenen Jahrhundert einen Teil seines Wohlstands ab, als chinesische Arbeiter in Hoffnung auf Reichtum scharenweise in das Kinta Valley kamen. Seit dem Verfall der Welthandelspreise für Zinn leben die 420 000 Einwohner Ipohs vor allem von der dort angesiedelten Industrie.
Der Grund, um in Ipoh Station zu machen, sind seine wundervollen Höhlentempel am nördlichen und südlichen Stadtrand. Die Kalksteinfelsen in der Umgebung bergen mehr als ein

Kuala Kangsar: malaiisches Holzhaus und das Dach der Ubadiah-Moschee

Kautschukernte: Der Baum wird angezapft, ...

... ein Eimer fängt den Gummisaft auf ...

... und die fertigen Kautschukplatten trocknen

Dutzend weitverzweigter Tempel wie Sam Po Tong und Perak Tong mit einer zwölf Meter hohen Buddhastatue.
Taman Negara: Der frühe Morgen im Nationalpark ist nebelverhangen, aber die Sonne kämpft sich bereits durch die Wolkenfetzen. Vor dem Fenster des klimatisierten Chalets im Taman Negara-Resort breitet sich ein unglaubliches Panorama aus – 130 Millionen Jahre alter Urwald, der älteste der Welt. Nur ein paar Schritte in den Wald, und schon verschluckt seine merkwürdige, dump-

Die Zeremonienhalle der Istana Kenangau in Kuala Kangsar

fe Stille alle Geräusche wie ein Wattepolster. Knorrige Lianen baumeln von den turmhohen Bäumen, Wurzeln kriechen am Boden und bilden tückische Fallen und Schlingen. An den kerzengeraden Stämmen der Urwaldriesen klettern hoffnungsvoll zwei Dutzend unterschiedlicher Grüngewächse den wenigen Sonnenstrahlen entgegen. Keines der Blätter am Boden ist wie das andere. Schließlich leben auf einem Hektar Wald über 200 Baumarten, und es ist fast unmöglich, zwei Bäume derselben Art an einer Stelle zu finden.

Nach wenigen Minuten fließt der Schweiß in Bächen

Taman Negara heißt übersetzt schlicht Nationalpark, aber da er der einzige in West-Malaysia ist, weiß jeder, daß dieser Name das 4350 Quadratkilometer große Urwaldgebiet im Zentrum der Halbinsel bezeichnet. Es liegt zwischen dem vierten und fünften Breitengrad über dem Äquator und ist – eine Grundbedingung für jeden Regenwald – extrem feucht. Die konstante Luftfeuchtigkeit von über 90 Prozent läßt auch die harmlos klingende Tagestemperatur von 26 Grad und 22 Grad während der Nacht wie einen Brutofen erscheinen. Schon nach Minuten fließt der Schweiß in Bächen.

Für Touren erschlossen ist nur ein kleiner Ausschnitt von Taman Negara. Vom Sitz der Parkverwaltung in Kuala Tahan führen 19 Trails mit unterschiedlichen Schwierigkeitsgraden in den Dschungel, angefangen beim 800 Meter langen Schnupperrundgang für Anfänger über echte Trekking-Touren zu Flüssen, Badestellen und Wasserfällen bis zur äußerst schwierigen Ersteigung des 2187 Meter hohen Gunung Tahan (110 Kilometer) in acht Tagen. Dank der einfacheren Trails lohnt sich die lange Anreise in den Park mit Bus und Boot sogar für sonst fußlahme Städter.

Die erste Begegnung mit dem Urwald lehrt, daß man sich von vielen durch Spielfilme vermittelte Klischees verabschieden muß: von einer grünen, undurchdringlichen Hölle keine Spur. Der Wald ist einigermaßen hell und licht, obwohl die Sonne kaum durch das dichte Dach der Baumkronen dringt. Deshalb ist der Pflanzenwuchs am Boden, auf der untersten Etage des Urwalds, recht spärlich.

Ipoh: Eingang zum Höhlentempel Sam Po Tong

Buddhistische Felsmalereien in Sam Po Tong

Mit dem Kautschuk, der aus Gummibäumen gewonnen wird, hat sich Malaysia als weltgrößter Exporteur in den letzten Jahrzehnten eine solide finanzielle Grundlage erwirtschaftet. Die nachlassende Nachfrage fängt das Land jetzt durch den Export von Palmöl auf. Mit der Entwicklung nationaler Industrien befreit es sich ferner zunehmend vom Diktat der Rohstoffmärkte.

Und der Dschungel ist nicht besonders gefährlich. Die vermeintlichen Schlangen entpuppen sich als Lianen, wilde Tiger, Tapire und Elefanten haben sich weit in den Wald zurückgezogen. Selbst von den Beobachtungshütten vor den Salzleckstellen für die Tiere bekommt man sie fast nie zu sehen. Trotzdem dauert es Tage, bis man sich an die Geräusche gewöhnt hat und aufhört, immer wieder erschreckt zusammenzufahren. Der Wald ist tagsüber unheimlich still und wirkt wie ausgestorben. Nur frühmorgens und abends sieht man in den oberen Stockwerken, in den oft 50 und 60 Meter hohen Baumkronen, Makakenaffen herumturnen und gelegentlich auch eine Spezies der über 350 Vogelarten.

Das Spannende am Dschungel sind indes nicht die Tiere, wie die meisten

Nashornkäfer in Taman Negara

Touristen fälschlich glauben, sondern die unvorstellbare Vielfalt der Flora, ihr Überlebenskampf, ihre Tricks und Verwandlungskünste, um im gnadenlosen Ringen um das Lebenselixier Licht und Sonne ein Plätzchen zu ergattern.

Natur, wie man sie in der Vielfalt ihrer Formen und Farben noch nie gesehen hat: blaue Farne oder Epiphyten, Bromelien und Orchideen. Die unzähligen Gastpflanzen, die sich auf einem einzigen Ast versammeln und nur von Luft und Wasser leben. Oder die hohen Brettwurzeln, die sich zur besseren

Dichter Urwald bedeckt den Taman Negara im Hochland

Hunderte schillernder Schmetterlingsarten sind im Urwald zu Hause

Einer Vielzahl fremder Pflanzen und Tiere begegnet Besuchern im Taman Negara. Der gnadenlose Kampf um Licht und Nahrung zwingt die Flora und Fauna zu unglaublichen Tricks, Verwandlungskünsten und Abwehrwaffen, aber auch zu auffallend farbigen und schillernden Erscheinungen. Das macht den Dschungel so reizvoll.

Warten auf Futter: fleischfressende Kannenpflanzen

Standfestigkeit der Urwaldriesen wie Bretter und Stützwände bis zu fünf Meter über dem Boden erheben. Im Überlebenskampf im Dschungel steht jeder gegen jeden, und doch hängen sie untrennbar voneinander ab – wie Vögel und Insekten von den Früchten der Bäume und umgekehrt die Bäume und Pflanzen vom Befruchten und Verbreiten ihrer Samen.

Drama im Dschungel – mit einer Feige in der Hauptrolle

Wer seine Augen für die Welt des Urwaldes öffnet, sieht, erlebt, beobachtet die aufregendsten Dramen. Die Natur schreibt sogar spannende Thriller: Die mit ihrem dicken Stammgeflecht so majestätisch aussehende Würgefeige zum Beispiel gehört zu den gnadenlosesten Baummördern des Regenwaldes. Erst nisten sich die Samen, von Vögeln transportiert, ganz harmlos als Gäste auf den Ästen ihres Wirtsbaumes ein und schicken dann – gutgenährt und gestärkt von ihrem Gastgeber – Luftwurzeln zum Boden. Sobald diese Bodenberührung haben, lassen die Würger die Maske fallen und entwickeln ein Gitter von Stämmen, das sich immer enger um den Wirtsbaum schließt, ihm die Luft abschnürt und ihn erstickt.
Das Größte ist jedoch ein Streifzug bei Nacht mit einem Führer wie Abdul Rahman Salleh, der selbst von der Natur fasziniert ist. Wie gebannt folgt der Blick dem Strahl seiner Taschenlampe bis zu den ledrigen Blättern einer knallroten Ingwerblüte. Eine Raupe mit Stacheln wie ein Igel klebt dort, die feinen Haare signalisieren giftige Abwehr. Darüber spannt sich ein dreidimensionales Spinnennetz, und mittendrin glotzt die Hauseigentümerin mit ihrer Brut. Ein Leuchtkäfer zieht seine Runden.
Nebenan nimmt ein Melodram seinen Auftakt: Ein Spinnenpaar, eben noch in inniger Umarmung, löst sich voneinander, wird hektisch, und plötzlich hängt das nur halb so große Spinnenmännchen schlaff am Netz – getötet von der Partnerin nach der Begattung.
Ein Blick zurück in absolute Dunkelheit. Unheimlich ist dieses dunkle Nichts. Äste knarren und ächzen, irgendwo ruft eine Eule, und ein Orchester von Zikaden und Grillen spielt seine endlose Nachtmusik.

Lianen schlingen sich um Äste und Stämme

Meterhohe Brettwurzeln geben Bäumen Halt

REISE-INFO HOCHLAND

Cameron Highlands

Karte S. 112, Planquadrat C 2.
Anreise: Von den größeren Städten fahren Busse und Überlandtaxis in die Cameron Highlands.
Sehenswürdigkeiten: Von allen ehemaligen britischen Hill Stations (Genting Highlands, Fraser's Hill) ist Cameron Highlands die ursprünglichste. Sehenswert sind Teeplantagen wie Boh Tea Estate, die man besichtigen kann, sowie der Gipfel des Gunung Brinchang (2030 Meter) und der Sam Poh-Tempel in Brinchang. Bei der Tourist Information in Tana Rata sind – allerdings nicht sehr gute – Karten mit Vorschlägen für Wanderungen durch relativ unberührten Dschungel erhältlich.
Unterkunft: Von den drei Orten im Hochland ist der Hauptort Tana Rata der beste Standort: (*) Twin Pines, Orient, Government Guest House (Rumah Rehat), Garden Inn, Federal Hotel, Bala's Holiday Chalets (zwei Kilometer außerhalb). (**) Merlin Inn. (***) Ye Old Smokehouse, Strawberry (beide außerhalb), The Lake House in Ringlet.
Ausgehen: Entlang der Hauptstraße in Tana Rata gibt es eine große Auswahl an gemütlichen, einfachen Restaurants: (*) Restaurant No. 14 (indisch), Mayflower (chinesisch), ferner Jasmin, Federal, Orient und Roselane.

Ipoh

Karte S. 112, Planquadrat C 2.
Anfahrt: Die zweitgrößte Stadt Malaysias liegt an der Hauptstrecke zwischen Kuala Lumpur und Penang und ist von allen Landesteilen mit öffentlichen Verkehrsmitteln gut erreichbar.
Sehenswürdigkeiten: Ipoh hat einen sehr pittoresken Bahnhof, und auch der Padang und die Kolonialgebäude in der Umgebung sind sehenswert. Die Hauptattraktion sind die Höhlentempel (sechs Kilometer in Richtung Norden Perak Tong und in Richtung Süden Sam Po Tong und Nam Thian Tong), außerdem kleinere Tempel an den Kalkfelsen. Wer mit dem Auto unterwegs ist, sollte sich auch das alte Städtchen Taiping mit seinen friedlichen Alleen und Kolonialhäusern und die imposante Ubadiah-Moschee in Kuala Kangsar ansehen.
Unterkunft: (*) Winner Hotel, Jalan Ali Pitchay. (**) Excelsior (Clarke Street), Royal Casuarina (Jalan Gaping).

Ausgehen: (* und **) Gute Chinesen-Restaurants entlang den Straßen Chamberlain und Jalan Raja Musa Aziz. FMS Bar, 2 Jalan Sultan Idris Shah, ist ein wunderschönes Lokal aus Kolonialzeiten und seit 1909 in Betrieb.

Taman Negara

Karte S. 112, Planquadrat C 3.
Anreise: Die meisten Urlauber werden eine feste Tour buchen. Die An- und Abreise dauert in jedem Fall jeweils einen Tag: mit dem Auto von Kuala Lumpur oder Kuantan (Ostküste) auf der N 2 und N 64 bis Jerantut und dann bis Tembeling. Die restlichen 60 Kilometer geht es mit dem Boot (drei Stunden) bis zum Parkeingang bei Kuala Tahan. Voranmeldung für das Boot (Abfahrt 9 und 14 Uhr) ist unbedingt erforderlich (Tel. 09/ 26 22 84).
Die Anreise per Bus von Kuala Lumpur und Kuantan oder per Zug (von Kota Bharu, Temerluh und Singapur) ist etwas umständlich, der Halt bei Tembeling (drei Kilometer bis zum Bootsanleger) muß vor Antritt der Bahnreise gebucht werden. Die Bahnfahrt nach Kota Bharu führt am Nationalpark entlang durch unberührten Urwald.
Sehenswürdigkeiten: Für den Besuch des Nationalparks muß man sich anmelden; es reicht, wenn man dies im Büro beim Bootsanleger macht. Während der Regenzeit von Mitte November bis Mitte Januar ist der Park geschlossen.
Ausgewiesen sind 19 Trails von einer Stunde bis zu acht Tagen Dauer mit unterschiedlichen Schwierigkeitsgraden.

Per Boot geht es in den Taman Negara

Die Dschungelpfade in der Nähe des Camps sind gut beschildert; für die anderen Trails ist es ratsam, Führer mitzunehmen, die sich mit der Flora und Fauna auskennen. Begleiter können im Resort angeheuert werden, auch Abdul Rahman Salleh. Bei vielen Führern hapert es am naturkundlichen Wissen; wer darauf Wert legt, sollte dies bei der Buchung ausdrücklich betonen.
Ein besonderes Erlebnis ist eine Nacht in den sehr einfachen Hochständen (hides) bei den Salzleckstellen. Interessant und landschaftlich reizvoll sind zudem Bootstouren nach Kuala Trenggan (45 Minuten, Stromschnellen) und nach Kuala Kenyam (1,5 Stunden).
Kenong Rimba Park: Von Kuala Lipis aus kann man ein urwüchsiges, kleineres Dschungelgebiet mit interessanten Kalksteinhöhlen, Camps und Urwaldtrails besuchen. Dreitage-Touren für konditionierte Wanderer veranstaltet Tuah Travel, Kuala Lipis (im Bahnhof, Tel. 09/31 32 77). Hier kann man auch Aufenthalte bei Malaien buchen.
Tips für den Dschungel: Eine starke Taschenlampe, Moskitoschutz, eine Wasserflasche und gute, stabile Laufschuhe (für die kleineren Touren reichen feste Turnschuhe) sind unentbehrlich. Im gut ausgestatteten Laden im Resort kann man alle Ausrüstung kaufen und mieten. Empfehlenswert ist farblich unauffällige Baumwollkleidung, ein Regenschutz und ein wassergeschützter Rucksack. Stechmücken und Blutegel nach Regenfällen sind eine Last. Zur Abwehr kann man Baygon-Insektenspray auf Schuhe und Socken sprühen und Tiger Balm an die Schuhränder.
Unterkunft: (* bis **) Im Taman Negara Resort gibt es Unterkünfte für alle Bedürfnisse vom Zeltplatz und Schlafsaal bis zu komfortablen Luxus-Chalets im malaiischen Stil mit Klimaanlage. Außerdem Nusa Camp mit Hütten und Schlafsaal eine Viertelstunde per Boot von Kuala Tahan sowie einfache Visitor's Lodges in Kuala Atok, Kuala Trenggan und Kuala Kenyam. Im Park kann man überall zelten.
Ausgehen: Im Resort gibt es diverse gute Restaurants und eine gemütliche Bar. Sparsame Rucksackreisende finden einfache, schwimmende Eßlokale am Fluß. Von dort Boote zum Nusa Camp.

* siehe Allgemeine Reise-Informationen: Küche (S. 108), Unterkünfte (S. 110).

Im kühlen Hochland von Cameron herrschen ideale Bedingungen für den Anbau von Tee

Der Sultanspalast in Kuala Kangsar

Britische Bastion: das Lake House in den Camerons

Kelly's Castle verfällt allmählich

Mit einer Vielzahl unterschiedlicher Gesichter wartet das Landesinnere auf. Nur wenige Kilometer von den Teeplantagen in den Cameron Highlands führen Wanderpfade durch fast unberührten Dschungel. Dank der kühlen Hochland-Temperaturen ist das Wandern dort nicht ganz so anstrengend wie in den Wäldern des Taman Negara.

Eine Spinne lauert auf Beute

OSTKÜSTE

Friedliche Welt der Kampongs

Die Frauen auf dem Markt von Kota Bharu haben Zeit und Muße. Der Islam prägt das Leben an der Ostküste der malaysischen Halbinsel. Weitab der großen Städte im Westen haben sich in den Dörfern dieser Region alte Bräuche und Traditionen erhalten: Drachenbau, Kreiseldrehen, Schattentheater, Tänze und Trommelwettbewerbe.

Palmen wiegen sich im Wind. Zwischen den Stämmen blitzt blau das Südchinesische Meer herauf. Die Sonne knallt erbarmungslos auf den gleißenden Sand. Strand, kilometerweit. Dahinter ein Kampong, ein malaiisches Dorf. Nichts rührt sich. Mittagszeit. Die Menschen haben sich in die kühlen Räume ihrer Holzhäuser zurückgezogen. Ein Junge döst im Schatten eines Fischerbootes, Hühner scharren lustlos im trockenen Boden. Erst wenn die Fischer mit ihren kunstvoll bemalten Booten am Nachmittag vom Meer zurückkommen, wird es wieder lebendig. Dann eilen die Frauen zum Strand hinunter und feilschen geruhsam um die zappelnde Fracht.

Pantai Dasar Sabak ist ein Dorf wie viele andere an der Ostküste: friedlich, beschaulich, zeitlos. Nur einmal tauchte es für ein paar Stunden in der Weltgeschichte auf, als die Japaner am 7. Dezember 1941 an dieser Küste an Land stürmten und nach Singapur marschierten – eineinhalb Stunden, bevor sie Pearl Harbour auf Hawaii bombardierten. Danach fiel Pantai Dasar Sabak wieder in seinen Dornröschenschlaf, war wieder es selbst, genügsam und zufrieden mit dem, was es ist und was es hat. Malaiisch eben.

Verwurzelt in Religionen und Traditionen

Die Ostküste ist das Malaysia der Malaien, die 95 Prozent der Bevölkerung stellen. Die geschäftigen Chinesen und Inder, die an der Westküste das Gesicht und Tempo der Städte bestimmen, sind hier in der Minderzahl. An der 700 Kilometer langen Küste von Johor Bahru im Süden bis Kota Bharu im Norden leben die Malaien wie seit Jahrhunderten vom Fischfang und der Landwirtschaft. Ihr Leben ist eng mit ihren Traditionen und ihrer Religion verwurzelt.

Die Malaien an der Ostküste sind strenggläubige Moslems, sehr viel orthodoxer als im übrigen Malaysia. Als Außenstehender sieht man das natürlich zunächst bei den Frauen, die in den drei Staaten an der Ostküste – Kelantan, Pahang und Terengganu – mit wenigen Ausnahmen einen Telekong (Schleier) und ihre traditionelle Baju kurung (knielange und langärmlige Bluse über einem Sarong) oder die Sarong kebaya (Spitzen- und Bortenbluse) tragen. An-

Selbstbewußt thronen die Marktfrauen von Kota Bharu über Bergen von Gemüse und Kräutern

Typische Kelantan-Bauweise: das Museum von Kota Bharu

Der Nachtmarkt von Kota Bharu lädt ein zu kulinarischen Abenteuern

Trommel-Wettbewerb

Traditionelles Kunsthandwerk und Spiele werden im Staat Kelantan seit Jahrhunderten gepflegt. Handwerker bauen die originellen Drachen, junge Mädchen bemalen Batik- und weben golddurchwirkte Songketstoffe. Den Abschluß der Reisernte feiern die Männer mit fröhlichen Trommel- und Kreiselwettbewerben. Auch die Küche Kelantans wartet mit besonderen Spezialitäten auf.

ders als an der Westküste fällt das Wochenende hier auf den halben Donnerstag und Freitag, und Touristen, die in einem malaiischen Restaurant zum Essen gerne ein Bier trinken möchten, müssen sich meist mit einer höflichen Absage abfinden: Die moslemischen Malaien dürfen keinen Alkohol ausschenken.

Batik: Mit Wachs werden Muster vorgegeben

Drachenbauer bei der Arbeit

Zwar sind die Ferienhotels von diesem Verbot befreit, wie auch die Restaurants der Chinesen, aber das moslemische Alkoholverbot offenbart einen fast unlösbaren Konflikt: Einerseits fördern die Ostküstenstaaten den Tourismus, weil sie sich als wirtschaftlich benachteiligte Regionen mehr Einkünfte erhoffen, andererseits konfrontieren die freizügigen

Besucher aus dem Westen die orthodoxen Moslems mit Ansprüchen und Verhaltensweisen, die zutiefst gegen deren Religion verstoßen. Es bleibt nicht aus, daß der Tourismus Unruhe in das bislang stabile soziale Gefüge bringt. Wer sich auf diese Gegebenheiten einstellt und etwas Rücksicht auf die religiösen Gefühle seiner Gastgeber nimmt, den belohnt die Ostküste mit ihrer reizvollen Ursprünglichkeit und der Freundlichkeit der Menschen.

Kreiselspiel mit Kraft und Konzentration

Friedlich und beschaulich wirkt das Leben in den zahlreichen Kampongs entlang der Küste. Im nördlichsten Staat Kelantan trifft man auf seit Jahrhunderten überlieferte Handwerke: die Werkstätten der Silberschmiede und Songket-Weber, die eine Art Brokatstoff herstellen, und die Drachenbauer. Und man sieht ihre traditionellen Spiele: Wenn die sehnigen Männer in ihren Sarongs die bis zu fünf Kilo schweren Kreisel mit der Kraft ihres ganzen Körpers spannen und dann mit äußerster Konzentration aufsetzen, spielen sie das jahrhundertealte Gasing-Spiel noch für sich und nicht zur Unterhaltung der Touristen. Das gilt auch für die kunstvoll bemalten Winddrachen (Kites), das traditionelle Schattentheater (Wayang Kulit) und die Tänze Menora, Tarian und Mak Yong.

Tanz und Trommelspiele zur Belohnung nach der Ernte

Nach der Reisernte, wenn die tägliche Qual des Bückens für eine Weile ein Ende hat, belohnen sich die Dorfbewohner mit lustigen Kreisel- und Drachen-, Tanz- und Trommelwettbewerben. Dorf gegen Dorf, und alle helfen mit, daß die eigene Gruppe gewinnt. Das Drachenfestival in Kota Bharu gehört zu den eindrucksvollsten Festen der Ostküste. Die charakteristische Form der Drachen taucht übrigens in vielen Firmenlogos auf, und wer genau hinsieht, entdeckt es auch bei Malaysian Airlines.

»Leidenschaftliche Liebe« heißt der große Strand bei Kota Bharu, aber der Sandstreifen wird diesem verführerischen Namen nicht gerecht; er ist langweilig, das Wasser nicht klar. Die Hauptstadt Kelantans entschädigt als kulturelles Zentrum der Ostküste dafür mit anderen Sinneseindrücken. Viel spannender nämlich als der Strand Pantai Cinta Berahi ist der Weg dorthin: An der Zufahrtsstraße haben die besten Handwerker der Stadt ihre Werkstätten angesiedelt. Besucher können den Batikkünstlern, den Silberschmieden, Kreisel-, Puppen- und Drachenbauern bei ihrer Arbeit über die Schultern sehen. Die Drachenbauer stellen Monddrachen bis zu einer Spannweite von 2,40 Meter her sowie Katzendrachen und Vogeldrachen, die dank einer gespannten »Saite« sogar »singen« können. Und weil nicht jeder zur Zeit der

Ein Strohhut schützt die Reisbäuerin

Wasserbüffel in ihrem Element

Tintenfisch wird durch Trocknung konserviert

Fischfang ist eine Haupterwerbsquelle an der Ostküste

Muslime in Kota Bharu

Friedlich und beschaulich wirken die Städte und Dörfer an der Ostküste. Hier ist das Malaysia der Malaien. Sie leben in den kleinen Städten und Fischerdörfern an der Küste und ernähren sich wie seit Jahrhunderten überwiegend vom Fischfang und Reisanbau. Zwischen ihren hübschen Kampongs erstrecken sich kilometerlang menschenleere Strände.
Da der größte Teil der Bevölkerung malaiisch ist, wird auch der Islam rigider praktiziert als an der Westküste. Die Frauen müssen ihre Haare unter einem Schleier verbergen, der Sonntag fällt auf den Freitag, und auch die ausländischen Besucher müssen sich damit abfinden, in Lokalen keinen Alkohol serviert zu bekommen.

Der Regenschirm schützt auch gegen Sonne

Fischerdorf unter Palmen: Paka

Kampong Beserah, ein typisches Dorf

Abendstimmung am Cherating Beach

Während der Mittagshitze dösen die Menschen im Schatten ihrer Holzhäuser, weil es zu heiß ist, um zu arbeiten. Palmen wiegen sich im Wind, die Wellen plätschern an den Strand: Das friedliche Leben in den Kampongs wirkt auf die Menschen aus der Großstadt wie eine romantische Idylle. Doch die Ruhe trügt. Das Einkommen der Fischer reicht kaum mehr, um die Familie zu ernähren. Die Arbeit in der Landwirtschaft ist extrem hart, auch wenn Affen das Pflücken der reifen Kokosnüsse abnehmen. Die Familien können sich praktisch nichts leisten.

Pfahlbauten schützen vor Tieren und Hitze

Bei Niedrigwasser fallen die Fischerboote in Marang trocken

Vorsicht Affen!

Festivals durchs Land reist, zeigt das Touristenbüro mit kostenlosen Vorführungen, was es mit den Drachen, Kreiseln, Schattenspielen und Riesentrommeln auf sich hat.

Der farbenfrohe Central Market von Kota Bharu gehört zu den meistfotografierten Motiven in Malaysia. Zwischen und über den effektvoll aufgehäuften Blattgemüsen, Salaten, Auberginen, Gurken, Chilis, Möhren, Bohnen, Limetten, Kräutern, Rambutans, Mangostinen, Langsats und anderen tropischen Früchten thronen die Marktfrauen majestätisch wie Königinnen – seltsamerweise unverschleiert, aber mit abenteuerlichen Kopfbedeckungen über den gegerbten Gesichtern und in ihren schönsten Kleidern. Der Nachtmarkt nebenan bereichert das kulinarische Abenteuer Malaysia um neue, delikate Höhepunkte: Blauen, grünen und roten Reis gibt es dort, eingewickelt in ein Bananenblatt, außerdem die scharfe Garnelensuppe tom yam und ayam percik, das in Kräutern marinierte Hühnchen in Kokossauce.

Der Thai-Einfluß in der Küche Kelantans ist unverkennbar. Nur ein paar Kilometer nördlich von Kota Bharu liegt bereits die Grenze nach Thailand, und mitten in den weiten Reisfeldern des Grenzgebiets haben sich zahlreiche Thai-Buddhisten-Klöster angesiedelt, darunter das Wat Phothivihan beim Kampong Jambu.

Viele Touristen fahren vor allem wegen der Strände an die Ostküste, die am Südchinesischen Meer besser sind als drüben an der Westküste. Südlich von Kota Bharu kommen sie endlich auf ihre Kosten: An der Straße nach Kuala Terengganu wechseln sich verschlafene Fischerdörfer ab mit menschenleeren Sandstreifen. Um dort länger zu verweilen, fehlt aber meistens die nötige Infrastruktur.

Pulau Redang: erste Gehversuche im Tourismus

Anspruchsvolle Strandfans sollten sich ohnehin zu einer der Inseln aufmachen – nach Perhentian zum Beispiel, wo das Wasser so klar ist, wie man es aus Prospekten kennt. Die Insel Redang mit ihrem schönen Revier für Taucher unternimmt gerade die ersten Gehversuche in Sachen Tourismus, während sich Tioman, die größte Insel der Ostküste in der Höhe von Mersing, bereits einen Namen gemacht hat. Das 470 Quadratkilometer große Eiland vereint zauberhafte Strände mit einer reizvollen Dschungel- und Berglandschaft. Wem auch diese Inseln zu überlaufen sind, der kann sich auf eines der winzigen Eilande bei Mersing zurückziehen, auf Pulau Tinggi zum Beispiel, auf Rawa, Sibu, Pemanggil und auf Pulau Aur, die einsamste von allen.

Mondäne Hochhäuser verkünden, daß Kuala Terengganu, die Hauptstadt des gleichnamigen Staates und Sultanssitz, den Sprung vom einst verträumten Fischernest in eine moderne Ölkapitale vollzogen hat. Nur die Chinatown mit ihren hübschen Häusern und der Markt erinnern noch an die alten Zeiten. Dabei ist es gerade 20 Jahre her, daß reiche Ölfunde an der Küste dem bis dahin armen Terengganu einen sichtbaren

Wohlstand bescherten. Die ehemaligen Bauern und Fischer arbeiten heute überwiegend in den Raffinerien und können sich ein schönes Reihenhäuschen, Fernsehen und das Nationalauto Proton leisten. Die Welt der Ostküste ist im Wandel, und der zunehmende Tourismus tut ein übriges.
Das Fischerdorf Marang südlich von Kuala Terengganu bezieht heute mehr Einkünfte von seinen Gästen aus aller Welt als vom Fischfang – obwohl die Stände mit Trockenfischen überall zeigen, daß die Früchte des Meeres immer noch eine wichtige Erwerbsgrundlage sind. Marang lädt mit seiner vorgelagerten Sandbank und seinen zwei Dutzend Gästehäusern ein, ein paar Tage zu verweilen, auszuruhen und vielleicht noch die unbewohnte Insel Kapas und ihre Tauch- und Schnorchelgründe zu entdecken.

Nachts legen Schildkröten ihre Eier in den Sand

Rantau Abang, 60 Kilometer südlich von Terengganu, ist bekannt, weil dort zwischen Juni und September riesige Lederrückenschildkröten nachts an den Strand kommen und ihre wie Tischtennisbälle aussehenden Eier in den Sand legen. Die Schildkröten-Schutzstation hält mittlerweile rücksichtslose Touristen auf Distanz, so daß die Tiere während der Eiablage nicht mehr gestört werden. Von hier bis Kuantan erstreckt sich der schönste Abschnitt der Ostküste, verschandelt allerdings durch die Ölförderungsanlagen und Ölraffinerien bei Kerteh. Aber schließlich ernährt das Öl den Staat Terengganu besser als die wenigen Touristen.
Deren Ziel heißt Cherating im Nachbarstaat Pahang, 40 Kilometer nördlich von Kuantan. Das ehemalige Fischerdorf unter Palmen ist innerhalb weniger Jahre zu einem kleinen Ferienzentrum herangewachsen, und wie so häufig spielten »Alternativtouristen« die Vorreiter: Erst waren es Rucksackreisende, die sich hier für ein paar Ringgit bei malaiischen Familien einmieteten und die Region zu Hause bekanntmachten, immer mehr Touristen folgten, und seit sich unweit des Bungalowdorfs auch ein Club Méditeranée und weitere teure Resorts angesiedelt haben, finden jetzt auch Reisende mit größerem Budget an die schöne Bucht.

Das Fischerboot bringt Nachschub

Insel für Romantiker: Tioman

Kristallklar ist das Wasser am Paya Beach

Auf der Route ins Landesinnere zurück nach Kuala Lumpur oder weiter südlich zu den Inseln bei Mersing liegt die ziemlich gesichtslose Hafen- und Industriestadt Kuantan, die dritte und größte Hauptstadt an der Ostküste. Welche Welten liegen zwischen diesem modernen Wirtschaftszentrum und dem nur acht Kilometer entfernten Fischerort Beserah, wo der Fang noch mit Büffelkarren abtransportiert wird. Palmen wiegen sich dort im Wind, und sanft plätschern die Wellen an das Ufer.

REISE-INFO OSTKÜSTE

Kota Bharu

Karte S. 112, Planquadrat A 3.
Anreise: Per Flugzeug, Bus, Zug und Überlandtaxi aus allen Landesteilen.
Sehenswürdigkeiten: Sehenswert ist die Istana Balai Besar am Padang Merkeda: Der Sultanspalast gegenüber der Staatsmoschee wird nur noch für festliche Anlässe genutzt. Einen Besuch wert sind außerdem das Kunsthandwerkszentrum (Kampung Kraftangan), der Central Market, die Wohnboote am Fluß und das Kulturzentrum, in dem von Februar bis Oktober dreimal pro Woche traditionelle Spiele, Tänze und Musik gezeigt werden.
Auf der Straße zum Strand Pantai Cinta Berahi kann man sich die Werkstätten der Batik-Druckereien, Drachenbauer und Silberschmiede ansehen.
Festivals: Drachenfest im Mai, Trommelfest im Juli, Kreiselfest im September.
Unterkunft: (*) Hotel Indah (Jalan Tengku Besar), Hotel Tokyo Baru, Temenggong Hotel (beide Jalan Tak Hakim). (**) Hotel Perdana, Jalan Mahmut. Am Strand Pantai Cinta Berahi: (*) Longhouse Beach Motel, H. B. Village, etwas abseits gelegen. (**) Perdana Resort, eine neue Anlage.
Ausgehen: Einfache Küche auf dem Nachtmarkt gegenüber dem Central Market: Thai/chinesisch bei Sun Too an der Jalan Temenggong, indisch im Razak Restaurant. (**) Thai: Syam, Jalan Hospital, A&N Restaurant gegenüber dem Padang Merdeka, Rebana im Hotel Perdana.
Einkaufen: Günstig sind kunsthandwerkliche Erzeugnisse, besonders Batik, Silberschmuck, Songket-Stoffe, Drachen und Schnitzereien. Man kann sie in den Werkstätten direkt oder in den Einkaufszentren zwischen Central Market und Jalan Sultan Zainab kaufen.
Ausflüge: Im Osten dehnen sich endlos die Reisfelder. Hübsche Dörfer findet man zwischen Tumpat und Pasir Mas, schöne Thai-Tempel südlich von Tumpat. Das Kloster Wat Phothivihan mit einem großen ruhenden Buddha liegt beim Kampong Jambu.
Das Tourist Information Centre Kota Bharu veranstaltet Ausflüge zu den Wasserfällen im Süden und in die Werkstätten der Kunsthandwerker und organisiert Safaris sowie Familienaufenthalte in einem Kampong.

Strände: Pantai Cinta Berahi mit Hotels und Pantai Dasar Sabak nordöstlich von Kota Bharu, ferner Pantai Seri Tujuh in der Nähe von Tumpat nahe der Grenzstation nach Thailand.
Information: Tourist Information Centre (sehr kompetent und gut ausgestattet), Jalan Sultan Ibrahim.

Kuala Terengganu

Karte S. 112, Planquadrat B 4.
Anreise: wie Kota Bharu.
Sehenswürdigkeiten: Ein Bummel durch die Jalan Bandar zum großen Markt führt entlang alter chinesischer Häuser. Besonders schön ist die Gegend bis zum Istana Maziah, dem alten Sultanspalast.
Unterkunft: Zwar gibt es zahlreiche Hotels und Gästehäuser, besser als in der Stadt wohnt man aber direkt am Meer in Marang, 45 Minuten südlich von Terengganu: (*) Kamal's, Marang Guesthouse, Island View Resort. Im südlichen Teil des Dorfes über dem Fluß: Beach House, Mare Nostrum. (***) in Rantau Abang: Tanjung Jara Beach Hotel, eine schöne Anlage, aber sehr isoliert. In Kuala Terengganu selbst: (**) Hotel Pantai Primula.
Ausgehen: (*) in Kuala Terengganu: Nara in der Jalan Kamaruddin. In Marang: Afzal (indisch).
Ausflüge: Von Marang Bootsfahrten auf dem Sungai Marang, außerdem zur Insel Kapas (s. Inseln).
Strände: Marang südlich von Terengganu hat den besten Strand dieses Küstenstreifens. Südlich: Rantau Abang, ein schöner Strand, an dem die Lederrückenschildkröten zwischen Mai und September nachts ihre Eier ablegen.
Inseln: Abfahrten zu den Perhentian-Inseln von Kuala Besut (zwei Stunden), dort einfache Unterkünfte wie Perhentian Island Resort. Redang nördlich von Kuala Terengganu bietet im Meeres-Nationalpark ein sehr gutes Tauchrevier. Anfahrt von Merang oder Kuala Terengganu muß arrangiert werden oder Mitfahrt bei Reisegruppen; einfache Bungalows wie Dahlan Beach Chalets. Pulau Kapas bietet sich als Tagesausflug von Marang aus an; Übernachtung in einfachen Bungalows wie Kapas Island Beach Resort und Zaki Beach Chalet.
Information: TDC, Jalan Sultan, Zainal Abidin.

Das Thai-Kloster Wat Phothivihan

Kuantan

Karte S. 112, Planquadrat D 4.
Anreise: Mit Flugzeug und Bus von Kuala Lumpur und Kota Bharu.
Unterkunft: Am stadtnahen Strand Chempedak, Merlin Inn und Hyatt Kuantan. Die meisten Touristen mieten sich in Cherating ein, 40 Kilometer nördlich gelegen: Hier gibt es zwei Dutzend einfacher Bungalowanlagen für jeden Geschmack; neu und direkt am Wasser liegt das Bayview Resort. (***) Club Méditeranée, Impiana, Palm Grove.
Ausgehen: Einfache Küche im Food-Zentrum an der Jalan Mahkota und in der Terantum Bakery & Café; besser ist The Ark, ein schwimmendes Restaurant. In Cherating gibt es viele einfache Touristenrestaurants. Für exzellentes Seafood und gefüllte Krabben muß man ein paar Kilometer nach Chukai fahren, dort Tong Juan, Jalan Sulaimani.

Tioman

Karte S. 112, Planquadrat E 5.
Anreise: Zahlreiche Boote (3,5 Stunden) und Schnellboote (1,5 Stunden) vom 50 Kilometer entfernten Mersing. Buchungen, auch für alle anderen Inseln, an der Mersing Jetty.
Unterkunft: (*) unterschiedliche Bungalowunterkünfte an allen Stränden, zum Beispiel im Kampung Salang (reizvolle Bucht) und im Kampung Air Batang. (** bis ***) Tioman Island Resort.

*siehe Allgemeine Reise-Informationen: Küche (S. 108), Unterkünfte (S. 110).

SARAWAK, SABAH

Besuch bei den Waldmenschen

Die schwankende Hängebrücke und die kühn geschwungenen Holzhäuser im Cultural Village bei Kuching weisen auf die traditionellen Lebensformen der Naturvölker hin. Sarawak und Sabah, die beiden ostmalaysischen Staaten im Norden Borneos, haben bis heute viel von ihrer Ursprünglichkeit bewahrt, die durch die Abholzung des Urwaldes aber zunehmend in Gefahr gerät.

Abendstimmung in Kuching am Sarawak-Fluß

Iban-Figur im Sarawak-Museum von Kuching

Wer Kuching besucht, sollte das Sarawak-Museum nicht auslassen. Es zeigt das hochentwickelte Talent der Iban für Design und Kunst und das Interesse aller in Sarawak lebenden Naturvölker für Trachten und Perlenstickereien. Anschauliche Szenen vermitteln die unterschiedlichen Lebensweisen, Jagdtechniken und Bauarten der Häuser bei den Dayak, Bidayuh, Melanau und den im Urwald lebenden Orang-Ulu-Gruppen. Das Museum stellt auch menschliche Schädel aus, die in den Niah-Höhlen bei Miri gefunden wurden. Man schätzt ihr Alter auf 39 000 Jahre.

Das Museum zeigt Szenen aus dem Leben der Naturvölker Borneos

Kolonialstil: der Gerichtshof in Kuching

Lebhafte Wasserstraße: der Sarawak River

Borneo – Insel des Wassers und der Wälder. Allein der Klang des Namens weckt in der Vorstellung den Duft von Abenteuer, urwüchsigen Dschungeln, exotischen Gewürzen und verwegenen Piraten. Das sind keine leeren Versprechen: Sarawak und Sabah, die beiden ostmalaysischen Staaten im Norden und äußersten Nordosten Borneos, haben außer ihrer faszinierenden Natur viel von ihrer Ursprünglichkeit bewahrt. Das sieht man spätestens beim Anflug auf Kuching, die größte Stadt der Provinz Sarawak: Wie ein Netz von Silberbändern zerfurchen der Sungai Sarawak und seine Nebenflüsse den dichten Dschungelteppich in unzählige grüne Inseln.

Knapp 1000 Kilometer von der Hauptstadt und von Festland-Malaysia entfernt, trägt Kuching unverkennbar koloniale Züge – als ob Sarawak noch immer von einem weißen Raja (indischer Fürstentitel) regiert würde. Alles ist noch wie damals: die Sampans und Fährboote auf dem Fluß, die pittoresken Kolonialbauten des alten Gerichtshofs, die bunten Shophäuser der Chinesen, die vollgestopften Gewürzläden an der Jalan Market und die Kolonnaden, unter denen Dayak- und Iban-Frauen mit langgezogenen Ohrläppchen Gemüsesorten verkaufen, die europäische Augen noch nie gesehen haben.

Belohnung für den Abenteurer: der Thron von Sarawak

James Brooke hieß der erste weiße Raja. Er war ein britischer Abenteurer und half dem Onkel des damaligen Sultans von Brunei mit seinen Kanonen, Rebellen zu verjagen. Für diesen Beistand belohnte ihn der Sultan im Jahr 1841 mit dem Thron von Sarawak.

100 Jahre regierten die Brookes das Land, bis es der letzte, Vinyar Brooke, nach Aufhebung der japanischen Besetzung 1946 an England abgab. Nach der Unabhängigkeit trat Sarawak im Jahr 1963 zusammen mit Sabah, das davor Nord-Borneo hieß und von der British North Borneo Company regiert wurde, der Konföderation Malaysia bei. Das einst mächtige (Öl-)Sultanat Brunei, inzwischen zum Zwergstaat zwischen Sarawak und Sabah geschrumpft, zog es vor, unabhängig zu bleiben.

Eine Tour durch das nördliche Borneo sollte im Sarawak-Museum beginnen. Das von Charles Brooke liebevoll zusammengestellte und wohl interessanteste Museum Malaysias gibt einen ausgezeichneten Einblick in die Völkervielfalt Sarawaks. Anders als in West-Malaysia sind im Ostteil des Landes die Ureinwohner zahlenmäßig stärker als die Malaien (20 Prozent) und die um 1900 zugewanderten Chinesen (29,4 Prozent). Die größte Gruppe unter den 1,7 Millionen Einwohnern sind die Iban mit 450 000 Angehörigen (knapp 30

Iban-Frau in farbenprächtiger Tracht

Prozent). Sie waren einst ein sehr stolzer, kriegerischer Stamm, zu dessen Ritualen es gehörte, die Köpfe der Gegner zu sammeln. Nach zähem Widerstand gegen das Brookes-Regime arrangierten sie sich schließlich mit den »seltsamen Ansichten« der Weißen und gaben die Kopfjägerei auf. Die grausige Beute »schmückt« indes auch heute noch oft die Gemeinschaftsveranda eines Langhauses. Die Iban sind zudem Meister in originellen Mustern und Design, wie die handgewebten Stoffe und Matten, Körbe und Taschen in den Kunsthandwerksläden zeigen.

In der Gegend um Kuching bilden die Bidayuh, auch Land-Dayak genannt, mit 128 000 Menschen die drittstärkste Bevölkerungsgruppe. Sie leben als Reisbauern oft zurückgezogen in Langhäusern und sind geschickte Bambusschnitzer, außerdem fertigen sie kunstvolle Bambusflöten, Gongs, Zupfinstru-

mente und Rattankörbe an. Die 88 000 Melanau leben in der Gegend der großen Flußmündungen des Rajang und Baram und sind bekannt für ihre originellen Schnitzereien und dekorativen Sonnenhüte, doch die talentiertesten Holzschnitzer Sarawaks sind die Orang-Ulu, die Waldmenschen. Zu ihnen zählt man die Kenyah, Kayan, Kajang und Penan.
Diese Ureinwohner-Minoritäten haben sich in die Dschungel des Hochlands zurückgezogen. Der Wald ernährt und kleidet sie, von ihm leiten sie nicht nur

Iban-Kriegstanz mit Federschmuck

ihre materielle, sondern auch ihre geistige Existenz ab. In der Vorstellung der Animisten leben die Seelen ihrer Ahnen in den Bäumen, Tieren, Vögeln und Insekten des Waldes fort, weshalb die rücksichtslose Abholzung des Regenwaldes dem nomadisierenden Jägervolk der Penan und vielen anderen Urvölkern nicht nur die Existenzgrundlage entzieht.
Weltweit haben sich Initiativen und Einzelpersonen gegen den Exodus des Urwaldes und der vom Aussterben bedrohten Ureinwohner gewandt. Unter ihnen ist der Schweizer Bruno Manser, der sechs Jahre mit dem negroiden Volk der Penan lebte, ihre Sprache lernte und ihnen half, sich zu wehren. Umsonst? 1992 wurde der Schweizer zum Staatsfeind erklärt, inhaftiert und dann ausgewiesen. Auch drei Millionen Un-

Im traditionellen Langhaus wird an einer Feuerstelle gekocht

Ein Besuch im Langhaus bietet einen interessanten Einblick in die traditionelle Wohnform der Iban. Sie leben in einer Art Kommune in einem Langhaus und schützten sich auf diese Weise früher gegen andere Kopfjäger. Die luftigen Holzhäuser sind im Schnitt 150 Meter lang und bieten Platz für 25 Großfamilien. Den durchgehenden, mit Matten ausgelegten Flur und gemeinsamen Arbeitsbereich teilen sich die Hausbewohner. Abends hocken die Männer dort zusammen, um Tuak (Palmschnaps) zu trinken und zu erzählen. Dünne Bretterwände schirmen den privaten Bereich der Familien gegen die Blicke der Nachbarn ab.

In den Langhäusern wohnen 150 bis 200 Menschen

Kannenpflanze mit Regendach

Cultural Village: Ein Iban demonstriert die Blasrohr-Technik

terschriften aus 60 Ländern, die bei den UN eingingen, haben nichts bewirkt. Im Gegenteil, die Regierung Malaysias weist jede Kritik als Einmischung zurück. Zuviel Geld und Profit sind im Spiel.
Der Kahlschlag wurde noch beschleunigt, von 80 auf 140 Quadratmeter Wald pro Sekunde zwischen 1988 und 1992, das heißt von 270 000 Hektar im Jahr 1989 auf etwa 440 000 Hektar 1992. Von dem immergrünen Dschungel Sarawaks sollen am Ende nur 10 000 Quadratkilometer, das sind acht Pro-

Unterwegs im Bako-Nationalpark

zent des jetzt schon stark dezimierten Bestandes, an Schutzgebieten bleiben. Fachleute schätzen, daß die Urwälder Sarawaks noch vor Ende dieses Jahrhunderts abgeholzt sein werden.

In Flößen treibt das Tropenholz in Richtung Meer

Wer Langhäuser am Rajang-Fluß und in Belaga besucht, wird mit dem ganzen Ausmaß dieses traurigsten Kapitels Ost-Malaysias konfrontiert. Holzbeladene Barken und Flöße mit 100 und mehr Urwaldriesen treiben flußabwärts in Richtung Meer, wo sie auf Schiffe verladen und in den meisten Fällen direkt nach Japan verschifft werden, wo sie als Eßstäbchen und Bauholz enden. Ein deprimierender Anblick.
Wie lange werden die Besucher wohl noch die wunderbare Gastfreundschaft der Iban in ihren traditionellen Langhäusern genießen können? Eine Übernachtung an den Ufern des Skrang, Rajang oder Baram gehört fraglos zu den Höhepunkten einer Sarawak-Reise. Die

Entscheidung, ob Gäste aufgenommen werden, fällen die rund 150 bis 250 Hausbewohner gemeinsam, denn die kamerabehängten Touristen bringen eine Menge Unruhe in ein Langhaus. Es hat 25 Wohneinheiten, in denen jeweils eine Großfamilie von den Enkeln bis zu den Großeltern wohnt: Die Iban leben in einer Art Kommune, die sie früher gegen feindliche Stämme und ande-

Riesige Pflanzenvielfalt im Dschungel

re Kopfjäger schützte. Jede Familie hat einen privaten Bereich, der durch dünne Bretterwände gegen die Blicke der Nachbarn abgeschirmt ist, allerdings nicht gegen Geräusche.

Unter dem Langhaus quieken die Ferkel

Ein Teil des Langhausabenteuers sind die ungewohnten Rufe vom Wald, das Gegacker der Hühner, das Quieken der Ferkel unter dem Haus und die bleierne Schwere der Urwaldhitze. Doch auch für die traditionelle Lebensform der Iban tickt schon die Zeituhr. Dem Ruf des Konsums und der besseren Jobs als dem Reis- und Pfefferanbau folgen immer mehr junge Leute in die Städte.
Der Vierzig-Minuten-Flug nach Miri holt einen wieder in die Neuzeit zurück. Das boomende Ölstädtchen, eine halbe Stunde vor der Grenze nach Brunei, ist Ausgangspunkt für Touren zum Gunung Mulu National Park und zu

Der Mount Kinabalu ist über weite Strecken von Regenwald bedeckt

In Sepilok lernen Orang-Utans, sich wieder selbst zu versorgen

Siedlung der Seezigeuner in Mengkabong

Das Wasser der grünen Kokosnüsse ist eine köstliche Erfrischung

Pünktlich zur Essenszeit turnen die jungen Orang-Utans aus allen Richtungen an den Fütterungsplatz. Das Orang-Utan-Rehabilitationszentrum Sepilok bietet das einmalige Erlebnis, diese bedrohten, besonders sensiblen Menschenaffen in ihrer natürlichen Umgebung zu beobachten. Von Menschen gefangene Tiere werden hier in mühevoller Arbeit ausgewildert.

Sepilok: Raja kommt gelegentlich zu Besuch

den überwältigenden Niah-Höhlen: Vier Millionen Fledermäuse hängen an den Höhlenwänden und geben beim Fliegen ein Knistern von sich wie feuchte Hochspannungsleitungen, und ganz oben bauen die Höhlenschwalben ihre bei den Chinesen so begehrten Speichelnester. Für den satten Verdienst von 1300 Ringgit pro Kilo hangeln sich die malaiischen Nestpflücker todesmutig an 30 Meter langen, armdicken Stangen hinauf, um die Nester von den Wänden zu pflücken.

Rabenschwarze Nacht umgibt die Besucher, wenn sie über Bohlenwege zu der Painted Cave und ihren zahlreichen Spuren frühen menschlichen Lebens stolpern. Manchmal erfaßt der Lichtkegel der Taschenlampe eine verstörte Höhlengrille oder die gespenstischen Guano-Sammler, die ihre Zelte in dieser Dunkelheit aufgeschlagen haben.

Noch atemberaubender sind die Höhlen im erst 1985 für Besucher geöffneten Gunung Mulu National Park. Wer dieses großartige Höhlensystem – es ist mit 26 Höhlen auf 189 Kilometer Länge eines der größten der Welt – erforschen will, muß allerdings eine gute Kondition und mehrere Tage Zeit mitbringen. Außer den Höhlen kann man auch noch die »Pinnacles«, die bizarren Felsnadeln am Gunung Api, exotische Nashornvögel und über 20 000 Tier- und Insektenarten, Gibbons und Makakenaffen bewundern.

Piraten machen die Passage zum riskanten Manöver

Abenteuer Sabah. Weil Borneo hier geradewegs in der Sulu-See ausläuft, kommt einem der östlichste Staat Malaysias wie das Ende der Welt vor. Die Philippinen sind zwar nicht weit, aber beutegierige Piraten machen die Überfahrt zu einem riskanten Manöver. Vielleicht ist Sabah auch deshalb so geheimnisumwittert, weil viele versucht haben, die Region einzunehmen und an der Unzugänglichkeit seiner Dschungel gescheitert sind. Diese Fast-Unberührtheit, die spektakuläre Botanik und Fauna und die Herausforderungen des Mount Kinabalu machen den touristischen Reiz des »Landes unter dem Wind« aus.

Dazu sein buntes Völkergemisch, noch vielfältiger als in Sarawak: Die 1,2 Millionen Einwohner teilen sich in 30 eth-

nische Gruppen auf und sprechen über 100 Dialekte. Wer das Glück hat, im Mai zum Erntefest oder zum Sabah-Fest hier zu sein, wird einen faszinierenden Ausschnitt aus der Kulturvielfalt dieses Landes erleben. In der übrigen Zeit eignen sich die lebhaften Tamus, die farbigen Wochenmärkte in Kota Belud und anderen Städten hervorragend für ausgiebige ethnische Studien.
Sabahs reizlose Hauptstadt Kota Kinabalu ist dank ihrer guten Hotels ein idealer Ausgangspunkt für Dschungelabenteuer und die Besteigung des Mount Kinabalu. Aber selbst wer sich die Strapazen einer Klettertour auf den mit 4101 Metern höchsten Berggipfel Südostasiens nicht antun will, wird bei bequemen Wanderungen in dem 1500 Meter hoch gelegenen Nationalpark auf seine Kosten kommen. Schon der Mountain Garden bei der Parkverwaltung zeigt einen üppigen Ausschnitt der Naturvielfalt: 100 Orchideenarten von Winzlingen in Größe von Stecknadelköpfen bis zu ganzen Blütenkaskaden, fleischfressende Kannenpflanzen in allen Variationen, ein Dutzend Rhododendron-Spezies und die seltsamsten Insekten.

In Sepilok werden Orang-Utans wieder ausgewildert

Die schönsten Begegnungen erwarten Besucher aber bei Sandakan, eine von ihnen ist Jojo. Das liebenswerte Orang-Utan-Kerlchen hat viele Fans, seinem Charme kann sich keiner entziehen. Jojo ist eines der Waisen, die im Orang-Utan-Reservat Sepilok ausgewildert werden. Manche landen hier, weil sie von wütenden Bauern halb erschlagen wurden, die meisten jedoch, weil Menschen immer wieder versuchen, Orang-Utans zu domestizieren oder illegal zu verkaufen. In beiden Fällen gehen die äußerst sensiblen Menschenaffen meist elend zugrunde, wenn sie nicht vorher aufgegriffen und nach Sepilok gebracht werden. Dort lernen sie, sich in der Wildnis wieder zurechtzufinden, Nester zu bauen und selbst Futter zu suchen, denn im Reservat gibt es nur Milch und Bananen. Damit die Menschen ihre Angst vor den Orang-Utans verlieren und auf ihre Problematik aufmerksam werden, dürfen sie bei den Fütterungszeiten dabei sein.
Allein dieses Erlebnis ist die Reise nach Sandakan wert. Wer das Abenteuer sucht, bucht freilich gleich noch eine Tour zu den urigen Nasenaffen (Proboscis monkeys) in der Wildnis des Kinabatangan Rivers. Oder fährt nach Turtle Island, wo Riesenschildkröten das ganze Jahr über ihre Eier am Strand ablegen und gleichzeitig frischgeschlüpfte Turtle-Babies zum Meer hasten.
Das ist das Erstaunliche an Sabah und Sarawak: Wohin man sich wendet, die Natur hat irgendetwas parat, das man bisher noch nicht gesehen hat.

Bako-Nationalpark: Urwald mit Strand

Felsmalereien in den Niah Caves

Wildschweine bekommt man selten zu Gesicht

REISE-INFO SARAWAK, SABAH

SARAWAK

Das größte Bundesland Malaysias ist dreimal so groß wie die Schweiz und bildet den Norden der Insel Borneo. Im Süden grenzt es an das indonesische Kalimantan, im Norden an Brunei und Sabah. Von den 1,7 Millionen Einwohnern wohnen 300 000 in der Hauptstadt Kuching.

Anreise: Ost-Malaysia ist nicht so erschlossen wie die Halbinsel Malaysia. Das gut ausgebaute Flugnetz der MAS verbindet jedoch alle Städte untereinander; Flüge nach Kuala Lumpur, Singapur und allen Flughäfen Ost-Malaysias. Mit dem Bus, Taxi und Schiff zu den Küsten- und Flußorten. Schnellboote auf vielen Flüssen.

Touren, Safaris: Für einige Gebiete, wie für den Gunung Mulu National Park, ist ein Führer obligatorisch; für alle Parks benötigt man eine Erlaubnis. Wer einen Langhausbesuch oder Berg- und Dschungelwanderungen plant, sollte sich ohnehin in die Hände eines seriösen Veranstalters mit sachkundigen Führern begeben: Spezialist ist zum Beispiel Borneo Adventure Sdn. Bhd. in Kuching und Miri.

Langhaus-Etikette: Ein Langhaus sollte nie ohne Einladung betreten werden, eine Reservierung ist erforderlich. Ein Bündel Zweige oder ein weißes Tuch am Eingang bedeuten, daß Fremde das Haus aus Pietätsgründen nicht betreten dürfen. Sensible Besucher zeigen ihren Respekt, in dem sie beim Betreten eines Hauses die Schuhe ausziehen, den Bewohnern mit der Kamera nicht zu sehr auf den Leib rücken und die in einigen Fällen geforderte »Posier-Gebühr« bezahlen.

Die Gastgeber freuen sich über Mitbringsel/Ansichtskarten aus Europa. Darüber hinaus sollte ein (teilbares) Geschenk für alle, zum Beispiel etwas zu essen, knabbern oder Zigaretten, mitgebracht werden.

Die eigene Ausrüstung sollte Taschenlampe, Schlaf-T-Shirt, Badekleidung, Moskitoschutz, Handtuch, Seife, Proviant, Gummislipper und Trinkwasser umfassen. Ein paar Worte Iban helfen, wenn sich die Kommunikation nicht auf bloßes Anlächeln beschränken soll.

Feste: Die Gawai (Feste) der Iban sind sehr populär. Höhepunkt ist das Gawai Dayak Ende Mai/Anfang Juni. Je nachdem, wann die Reisernte eingebracht wird, feiern die Langhäuser an unterschiedlichen Tagen mit Tänzen, Hahnenkämpfen und viel Tuak, Palmschnaps. Kapit am Rajang-Fluß veranstaltet im Mai ein Cultural Festival mit einer Regatta und Darbietungen. Die ersten beiden Wochen im August sind für das Kuching Festival reserviert.

Kuching

Sehenswürdigkeiten: Sehenswert ist das alte Kuching mit dem Court House (1874), dem Markt und Fischmarkt, der Indian- und National-Moschee, den Straßen Jalan Gambier, Jalan India und Jalan Carpenter und dem Tua Pek Kong-Tempel. Auf der anderen Flußseite liegender Astana (Charles Brookes' Residenz, heute Regierungssitz) und das Fort Margherita. Ein Muß ist das Sarawak-Museum. In Damai: Sarawak Cultural Village.

Unterkunft: (*) Anglican Cathedral Hostel, Kapit Hotel (59 Jalan Padungan), außerdem an der Jalan Green Hill: Orchid Inn, Green Mountain, Furama. (**) Aurora Hotel, Jalan McDougall, Borneo Hotel, Jalan Tabuan; am Strand: Buntal Village Resort in Kampung Buntal beim Fischerdorf Santubong (32 Kilometer von Kuching), Santin Resort (28 Kilometer entfernt). (***) Holiday Inn Kuching mit einer herrlichen Sicht auf den Fluß; Hilton Kuching; am Strand: Holiday Inn Damai Beach Resort in 20 Kilometer Entfernung.

Ausgehen: Einfache Restaurants an der Jalan India und Jalan Carpenter. Food-Zentren: Chinatown Food Centre gegenüber Holiday Inn, Market Street. (**) Fook Hoi, Supersonic Coffee House, Aurora Restaurant sowie nette Pubs und Cafés gegenüber vom Hilton.

Mit einem Führer zur Trader's Cave

Ausflüge: Langhaustour auf dem Skrang oder Rajang River; Bako National Park: 30 Kilometer Pfade durch verschiedene Vegetationszonen, Strand und Picknickplätze; Semengoh Wildlife-Rehabilitationszentrum für Orang-Utans, Vögel und andere Tiere; Flußfahrt über den Rajang nach Belaga von Sibu aus.

Strände: Damai und Santubong.

Information: Sarawak Tourist Information Centre, Jalan Main Bazaar; TDC, AIA Building, Jalan Song Thian Cheok.

Niah und Gunung Mulu National Park

Anreise: Per Flugzeug nach Miri, von dort mit Bus oder Taxi weiter nach Niah (ein Weg eineinhalb Stunden, 150 Ringgit mit Wartezeit). Vom Parkeingang eine Stunde Gehzeit über einen Bohlenweg durch den Dschungel. Zum Mulu-Nationalpark mit organisierter Tour; neuerdings verkürzen Flüge die beschwerliche Anreise.

Unterkunft: In Miri: (*) Today Inn, Cosy Inn, Million Inn. Am Niah-Parkeingang Hostel, Schlafsaalunterkünfte und Chalets. In Gunung Mulu einfache Lodges und Rest Houses. (**) Park Hotel, Apollo Hotel.

Ausflüge, Dschungeltouren: Das reizlose Miri ist Ausgangspunkt für Touren zu den Niah- und Gunung Mulu-Nationalparks mit ihren faszinierenden Höhlen. Während Niah mit durchschnittlicher Kondition in einem Tag bewältigt werden kann, benötigt man für Gunung Mulu mindestens drei Tage bis eine Woche, Dschungelausrüstung und eine ausgezeichnete Kondition.

SABAH

Die Provinz liegt im äußersten Nordosten von Borneo, grenzt im Südwesten an Sarawak, im Süden an Kalimantan. Das Land ist so groß wie Bayern, hat aber nur 1,2 Millionen Einwohner, von denen 150 000 in Kota Kinabalu wohnen. Sabah ist spürbar teurer (etwa ein Drittel) als andere Gebiete Malaysias.

Touren, Safaris: Wer sich auf abenteu-

Eine praktische Adresse: Straßenschneider in Kota Kinabalu

erliche Dschungel- oder Klettertouren begibt, sollte sich unbedingt einem Führer oder einem zuverlässigen Unternehmen anschließen: Borneo's Memories in Kota Kinabalu zum Beispiel ist spezialisiert auf botanische Wanderungen und Bergbesteigungen in unberührten Gegenden. Mit Sabah Air in Kota Kinabalu sind auf Anfrage Rundflüge mit Hubschraubern möglich. Familienaufenthalte bei Einheimischen vermittelt Borneo Homestay (c/o Borneo Car Rental) in Kota Kinabalu. Wildlife Tours in Sandakan ist spezialisiert auf Sepilok, Turtle Island und die Proboscis Monkeys am Kinabatangan River. Für exotische Tauchtouren nach Sipadan, Coral Island, Layang Atoll und andere Ziele: Coral Island Cruises und Borneo Divers, beide in Kota Kinabalu.

Kota Kinabalu

Anreise: Flüge von/nach Kuching, Miri, Kuala Lumpur, Singapur, Sandakan. Ins Landesinnere per Bus, Minibus und Taxi. Mietwagen gibt es ab 130 Ringgit pro Tag.
Sehenswürdigkeiten: Sehenswert sind das Sabah Museum, die moderne National-Moschee, Mengkabong (Dorf der Seezigeuner auf Pfählen, 20 Kilometer nördlich), der Tunku Abdul Rahman Park (fünf vorgelagerte Inseln, Bootsabfahrten vom Tanjung Aru und Hyatt Hotel).
Unterkunft: (*) Hotel Mutiara (Jalan Bandara Berjaya), Hotel Rakyat, Ruby Inn und Diamond Inn (beide nahe der Jalan Laiaman Diki). (**) Hotel Holiday, Jesselton, Sabah Inn. (***) Shangri-La Tanjung Aru Resort, ein wunderschönes Resort direkt am Strand; Hyatt Kinabalu in der Stadt.
Ausgehen: Lebhafter Nachtmarkt an der Jalan Tugu, einfache Restaurants im Sinsuran- und Karamunsing-Komplex, Restoran Tioman, Samsui Dedai Kopi. (**) Seafood Market am Tanyung Ara-Strand, Chuan Hin an der Jalan Koham (Seafood), Port View Seafood an der Jalan Haij Saman, Nan Xing (Dim Sum) und Yun Chuan in Penampang New Town (Kadazan-Küche).
Ausflüge: Sonntags früh zwischen 6 und 10 Uhr ist Tamu (Markt) in Kota Belud, von dort hat man den besten Blick auf den Mount Kinabalu und auf fotogene Reisfelder. Reizvoll ist ein Ausflug nach Tenom über Beaufort mit dem »Railcar« entlang den Wildwassern der Padas-Schlucht (Rafting-Touren mit Api Tours), außerdem ins Orchideen-Zentrum (500 Spezies) bei Tenom sowie in das Rafflesia-Zentrum (die größte Blüte der Welt) bei Tambunan.
Strände, Tauchen: Tanjung Aru, Abdul Rahman Park, Pantai Dalit in Tuaran, alle Arten von Wassersport inkl. Parasailing im Tanjung Aru Resort. Tauchen: Coral Island und Layang Atoll.
Dschungeltouren: Crocker Range (für Könner, sehr gute Kondition erforderlich, Veranstalter: Borneo's Memories); Batu Punggul Resort mit Höhlen und exotischer Flora, Hütten und Zeltcamp.
Information: Sabah Tourism, 51 Jalan Gaya; TDC, Erdgeschoß, Wing On Life Building, Jalan Segunting.

Mount Kinabalu

Anreise: Bus, Auto oder mit organisierter Tour.
Sehenswürdigkeiten: Gipfelaufstieg nach Anmeldung in der Verwaltung des Nationalparks, Wanderwege; Mountain Garden hinter der Parkverwaltung.
Unterkunft: (* bis **) direkt bei der Parkverwaltung gibt es Jugendherberge, Schlafsaalunterkünfte, einfache und komfortable Chalets; zahlreiche Hütten bis zum Gipfel. (**) Hotel Perkasa in Kundasang mit grandioser Sicht auf den Kinabalu.

Sandakan

Anreise: Flugzeug, Bus.
Sehenswürdigkeiten: Sepilok Orang-Utan-Rehabilitationszentrum, 24 Kilometer außerhalb (Taxi), Besuchszeiten von 9 bis 12 und 14 bis 16 Uhr.
Unterkunft: (*) Hotel Paris, Uncle Tan's Bed & Breakfast, Pulau Selingan (Turtle Island). (**) Hsiang Garden. (***) Ramada Renaissance Hotel.

* siehe Allgemeine Reise-Informationen: Küche (S. 108), Unterkünfte (S. 110).

Ein unvergeßliches Abenteuer sind die Niah Caves

Pfefferpflanze

Traditionelles Iban-Haus im Wald

Schwindelfrei? Sabahs Hängebrücken sind ein guter Test

Ausflug in Sepilok

Die Niah Caves gehören zu den interessantesten Höhlen Asiens. Vor 39 000 Jahren lebten in ihnen bereits Menschen. Funde und große Felszeichnungen beweisen, daß sie vor 4000 Jahren schon Steinäxte benutzten und im 7. Jahrhundert Totenrituale praktizierten. Heute bewohnen vier Millionen Fledermäuse und ebenso viele Höhlenschwalben die Kalksteinhöhlen bei Miri.

Die Bidayuh sind geschickte Bambusschnitzer

Asien im Kleinformat

Bevölkerung

Charakteristisch für Malaysia und Singapur ist ihr buntes Völkermosaik: Malaien, Chinesen und Inder stellen den Großteil der Bevölkerung. Sie sind zwar Malaysier oder Singapurer, doch sie haben ihre kulturelle Identität als Chinesen, Inder, Malaien nie aufgegeben. Die Söhne und Töchter der einstigen Einwanderer sprechen längst Bahasa Malaysia (die offizielle Sprache Malaysias) oder Englisch (in Singapur), aber zu Hause unterhalten sie sich mit

Indische Hochzeit an der Westküste Malaysias

der Familie und Freunden in ihrem jeweiligen Dialekt: die Chinesen in Hokkien, Teochew, Kantonesisch oder Hakka, die Inder in Tamil, Bengali, Hindi oder Malayam.

Diese Völkervielfalt ist für Besucher oft verwirrend. Andererseits geht gerade vom Nebeneinander so unterschiedlicher Kulturen ein ungemeiner Reiz aus. Wo sonst hat man die Gelegenheit, die Lebensgewohnheiten von Chinesen, Indern, Malaien und zahlreichen Urvölkern so hautnah zu beobachten und zu vergleichen?

Die **Malaien** sind nicht nur die stärkste Gruppe in West-Malaysia, sie betrachten es als Eingeborene auch als ihr Land. Ethnisch sind sie eine gemischte Rasse mit unterschiedlichen Vorfahren, was sich auch in ihrem stark variierenden Aussehen, in der Kultur und ihrem Dialekt niederschlägt. Ihre Vorfahren sind teils Deutero-Malaien aus Südchina, die schon vor unserer Zeitrechnung an den Küsten siedelten, teils Bugis, Minangkabau von Sumatra und teils Javaner. Von ihnen unterscheiden sich wiederum die Malaien Sarawaks und Sabahs, die ursprünglich von Java, Sumatra und aus Brunei kamen und sich im Laufe der Geschichte mit den Neuankömmlingen vermischt haben.

Was die Malaien verbindet, ist vor allem ihre Zugehörigkeit zum Islam, der Staatsreligion. Die Hüter der malaiischen Identität sind die Sultane; kein Zugewanderter kann das höchste Amt in den neun Sultanaten (Provinzen) West-Malaysias übernehmen, und nur aus ihren Reihen wählen die Regionalfürsten alle fünf Jahre den König an die Spitze der Wahlmonarchie Malaysia.

Obwohl muslimische Malaien als »Bumiputra« in politischer, wirtschaftlicher und gesellschaftlicher Hinsicht privilegiert werden und alle Regierungsämter und die Führungskader in der Verwaltung besetzen, ist Malaysia in religiösen und kulturellen Fragen tolerant.

Traditionell sind die Malaien Bauern und Fischer und siedeln vorzugsweise in ländlichen Gegenden. Sie schätzen das einfache Leben und geben sich mit dem zufrieden, was es ihnen bietet. Chinesische Strebsamkeit ist ihnen fremd. Ihre beschaulichen Kampongs an der Ostküste mit den traditionellen Pfahlhäusern unter Palmen wirken nach den betriebsamen Chinesenstädten an der Westküste auf Besucher wie friedliche Oasen. Im ländlichen Osten haben sich auch die Traditionen und das alte Handwerk am stärksten erhalten: Silat zum Beispiel, eine Kampfsportart, bei der Körperbeherrschung und Kraft gefragt sind, das Schattentheater Wayang Kulit, Kreisel- und Drachenspiele und das Trommeln.

Die **Chinesen** kamen in verschiedenen Wanderungswellen nach Malaysia, teilweise schon im 15. Jahrhundert und früher, um als Kaufleute Handel zu treiben. Die meisten flüchteten jedoch vor dem Hunger und der Armut aus Südchina und bauten in der Fremde eine neue Existenz auf. In Singapur bildeten sie von Anfang an die stärkste Bevölkerungsgruppe. Da sie aus verschiedenen Provinzen kamen und als Hokkien, Teochew, Hakka, Kantonesen und Hainanesen jeweils ihre eigenen Dialekte sprachen, waren sie für die anderen Einwanderer aus China jedoch nicht zu verstehen. Sie hielten zudem an ihren regionalen Lebens- und Eßgewohnheiten fest und feierten auch ihre eigenen Feste. Diese unterschiedliche Herkunft erklärt, warum die Chinesen in Singapur mit ihrem gemeinsamen Erbe mehr Mühe haben als zum Beispiel die Hongkong-Chinesen, die überwiegend aus einer Provinz kommen.

Heute sind drei Viertel der drei Millionen Einwohner von Singapur Chinesen, in Malaysia stellen sie dagegen nur ein gutes Drittel der Bevölkerung. Von der Mitte des 18. Jahrhunderts an trugen sie dort als Minenarbeiter zum nationalen Wohlstand bei, bauten Eisenbahnen und Siedlungen und avancierten mit dem eisern Ersparten und ihrem Unternehmergeist vielfach zu wohlhabenden Händlern und Wirtschaftsbossen.

Typisch für die Chinesen sind der Ahnenkult und Geisterglaube, Heiratsvermittler(innen) und ein starker Familiensinn, außerdem Bienenfleiß und das

Junge chinesische Doktorin in Singapur

ausgeprägte Streben nach Geld, Spielleidenschaft und Wohlstand. Dieser eher konservative Geist Konfuzius' steht in Singapur in sichtbarem Kontrast zu der Aufgeschlossenheit und Faszination für die futuristische High-Tech-Welt des Inselstaates.
Die **Inder** kamen ursprünglich als »Gastarbeiter« für die aufstrebenden Kautschuk- und britischen Teeplantagen sowie den Bau von Straßen und der Eisenbahn nach Malaysia. Aber nicht alle kehrten wie beabsichtigt zurück, sondern bauten sich in Singapur und Malaysia eine neue Existenz auf, einige auch in angesehenen Berufen als Ärzte, Lehrer, Anwälte, Verwaltungsangestellte und Geldwechsler (Chettiars), die einer eigenen Kaste angehören. Die Inder stellen etwa zehn Prozent der Bevölkerung (sieben in Singapur) und werden noch heute für die harte Arbeit auf den Plantagen gebraucht. Zum großen Teil stammen sie aus Südindien, was an ihren dunklen Gesichtern leicht zu erkennen ist. Die hellhäutigen Nordinder wie Bengalen und Sikhs sieht man dagegen häufig als Wachtposten und im Polizeidienst. Die leuchtenden Saris der indischen Frauen und die malerischen Tempeltürme bilden farbenfrohe Tupfer im Stadtbild.
Einige Chinesen ließen sich schon im frühen 15. Jahrhundert an der Westküste Malaysias nieder, vor allem im Gebiet des damaligen Malakka. Sie heirateten malaiische Frauen und sprachen malaiisch, oft auch englisch, behielten aber chinesische Bräuche bei, wie die Ahnenverehrung. Man nannte sie und ihre Nachfahren **Peranakan** (die hier Geborenen) oder Baba-Chinesen. Auffällig ist der eigentümliche Stil ihrer Kleidung, Häuser und Wohnungen, der beide Elemente – malaiisch und chinesisch – vereint. Ihre Nonya-Küche erfreut sich in Singapur und Melaka großer Beliebtheit. Weniger bekannt ist das indische Gegenstück zu den malaiischen Chinesen, die **Malacca Chitty.**
Obwohl sie eigentlich die ältesten Rechte hätten, leben die 60 000 **Orang-Asli** zurückgezogen als Jäger in den Dschungeln des Landesinnern. Orang-Asli ist nur der Oberbegriff für drei Gruppen von Ureinwohnern: die Senoi, die Proto-Malaien, die etwa vor 3000 Jahren aus Südchina kamen, und die Negritos, die älteste Bevölkerungsgruppe West-Malaysias. Man schätzt, daß sie vor etwa 6000 Jahren einwanderten. Dazu gibt es noch viele Untergruppen. Da ihnen mit der Abholzung der Wälder nach und nach die Existenz entzogen wird, versucht die Regierung, sie in Lagern aus Wellblechhütten am Waldrand anzusiedeln, in den Cameron Highlands zum Beispiel. Wer an das Schicksal der nordamerikanischen Indianer und Aborigines in Australien denkt, ahnt jedoch, daß dies ein fragwürdiges Unterfangen ist. Das Orang-Asli-Museum bei Kuala Lumpur beschäftigt sich mit diesen Naturvölkern.
Die Ureinwohner Ost-Malaysias setzen sich ganz anders zusammen. Über 200 Stämme und Volksgruppen leben in den beiden Provinzen Sarawak und Sabah, darunter die **Iban, Land-Dayak,**

Konservative malaiische Muslimfamilie

Bidayuh, Penan und **Kenyah** sowie die **Kadazan, Murut und Bajau.**
Viele traditionelle Lebensformen, Tänze, Kostüme, Handwerke und Feste haben sich in den abgelegenen Inselstaaten noch gut erhalten. Doch auch vor Borneo macht die westliche Zivilisation nicht halt. Weil ihnen durch die Abholzung der Lebensraum genommen wird oder sie auf ein scheinbar einfacheres Dasein hoffen, kehren viele Stammesmitglieder dem überlieferten Leben den Rücken. Große Teile der Kadazan haben ihre Kampongs längst verlassen und wohnen in Kleinstädten wie Penampang, Tuaran und Papar, und viele junge Leute streben in die Städte – auf der Suche nach einer anderen Zukunft in besser bezahlten Jobs. Es ist wohl eine Frage der Zeit, bis auch die traditionellen Langhäuser nur noch als Relikte einer untergegangenen Epoche in Museen zu sehen sein werden.

Malaie bei einer Tanzvorführung in Kota Bharu

Allah, Buddha, Ahnenkult

Religion

So vielseitig wie die Völker Malaysias und Singapurs sind ihre Religionen. Neben Sekten trifft man dort vor allem vier Weltreligionen an: den Islam, Buddhismus, Hinduismus und das Christentum. Beide Staaten lassen ihren Bürgern Religionsfreiheit, das Gebot religiöser Toleranz ist in den Verfassungen verankert.
Moscheen und Tempel stehen oft einträchtig nebeneinander. Strikte Völker-Trennung herrscht dagegen auf den Friedhöfen. Jede Gruppe hat ihre eigenen Gräberstätten und Begräbnisrituale, und so verhält es sich auch mit den Feiertagen. Malaysia gehört zu den Ländern mit den meisten Feiertagen: Wenn nicht die Malaien feiern, dann vielleicht die Inder oder die Chinesen. Im Prinzip kann man in Malaysia sogar viermal das neue Jahr begrüßen, da jede der Religionen eine eigene Zeitrechnung hat. Das christliche Oster- und Weihnachtsfest feiern allerdings auch die Chinesen gern – mit allem, was dazugehört, und vermutlich auch aus diesem Grund: mit Geschenken, Weihnachtsdekor und vielen Partys.
Arabische und indische Kaufleute brachten den Islam im 12. Jahrhundert nach Malaysia, wo er auf fruchtbaren Boden fiel: Schon 200 Jahre später avancierte er zur Hauptreligion. In der Frühzeit, als die Stadtstaaten an der Küste des damaligen Malaya noch unter dem Einfluß Indiens und Sumatras standen (etwa 100 bis 1300 nach Christus), waren indes der Hinduismus und Buddhismus, die beide aus Indien kamen, noch weitverbreitet.
Nur Fragmente geben über die Geschichte der Islamisierung Malaysias Auskunft. Das erste Zeugnis einer islamischen Existenz ist der sogenannte »Terengganu-Stein«: Die Inschrift in arabischer Schrift beweist, daß es in der Gegend um Terengganu an der Ostküste um 1380 ein islamisches Reich gegeben haben muß. In diese Zeit fiel die Gründung der ersten Sultanate.
Der Islam wird in Malaysia weniger rigide praktiziert als in den arabischen Staaten. Lediglich an der Ostküste konnte der strikte islamische Fundamentalismus Fuß fassen, nicht zuletzt, um ein Bollwerk gegen die dort empfundene Bevormundung durch den Westen zu schaffen. Die Frauen zwischen Kota Bharu und Kuantan müssen sich züchtig in einen Schador hüllen.
Die Grundzüge des Islams lassen sich so bescheiben: Es gibt nur einen Gott, Allah, dessen Prophet Mohammed ist. Die Menschen haben sich dem Willen Allahs zu unterwerfen, der im Koran niedergelegt ist und gleichzeitig als Wegweiser für alle Lebensbereiche dient. An fünf Pflichten muß sich ein gläubiger Moslem halten: Er muß das Glaubensbekenntnis sprechen, fünfmal täglich beten und vorher rituell Hände, Gesicht und Füße waschen, außerdem eine Abgabe von 2,5 Prozent des Einkommens für Arme entrichten, während des Fastenmonats Ramadan von früh bis Sonnenuntergang fasten und einmal im Leben zur Hadsch nach Mekka pilgern. Moslems ist es außerdem untersagt, Schweinefleisch zu essen und Alkohol zu trinken.
Der islamische Kalender folgt einer anderen Zeitrechnung als der im christlichen Raum gültige gregorianische Kalender und weist in dessen Jahr 1993 das Jahr 1413/1414 aus. Die Feste der Moslems sind eher asketisch – wie der Fastenmonat Ramadan, dessen Ende Hari Raya Pusa in Malaysia allerdings sehr enthusiastisch mit offenen Häusern und vielen Leckerbissen gefeiert wird. Dieser Feiertag ist auch die Zeit, zu der Moslems nach Mekka reisen.
An Mauludin Nabi, zwölf Tage nach dem islamischen Neujahr, feiert man den Geburtstag des Propheten. Etwa 55 Prozent der Bevölkerung Malaysias, neben Malaien auch südindische Tamilen, gehören dem Islam an; in Singapur sind es mit 15 Prozent weitaus weniger.
Die Religion der Chinesen ist etwas komplizierter. Zwar nennen sie sich oftmals Buddhisten, aber sie praktizieren eine Mischform, die auf den Lehren des Konfuzius, Buddhas und Laotses (Taoismus) sowie auf Ahnenverehrung gründet.
Buddhistische Einkehr, Meditation oder gar Askese liegen den pragmatischen Chinesen fern. Von ihren Göttern erwarten sie konkreten Beistand im Diesseits; kein wichtiges Geschäft wird getätigt, kein Haus gebaut, kein Hochzeits- oder Beerdigungstermin angesetzt, ohne nicht die zuständige Gottheit mit Hilfe der Zahlenstäbchen und Deutung eines Wahrsagers um Rat gefragt zu haben. Da die Gottheiten bei guter Laune gehalten werden müssen, zünden die Chinesen die vielen Weihrauchstäbchen an: Der süße Duft soll den göttlichen Nasen schmeicheln.
Der Ahnenkult nimmt einen breiten Raum im religiösen Leben der Chinesen ein. Stirbt ein Familienmitglied, so wird

Chinesische Ahnentafeln zu Ehren der Toten

Buddhistisch: der Temple of Thousand Lights

es in aufwendigen Zeremonien nach sieben Tagen beerdigt. Die Trauernden hüllen sich dafür in weißes Leinen und Sackleinen, die Frauen tragen zusätzlich Kapuzen. In der häuslichen Ahnenhalle oder im Tempel wird eine Ahnentafel aufgestellt, um stets den Kontakt mit den Toten halten zu können.
Kinder schulden ihren Eltern Dankbarkeit bis weit über den Tod hinaus. Deshalb müssen sie für eine angemessene Ausstattung der Toten im Jenseits sorgen: Ein kunstvoll erstelltes Papierhaus mit Möbeln, Bediensteten, Fernsehen, Papiergeld, Kleidern und allem, was ein nobler Haushalt braucht, inklusive Mercedes mit Chauffeur, wird in einem strengen Ritual verbrannt und so dem Toten zugestellt.
Arm dran ist, wer keine Angehörigen hat oder vor den Eltern stirbt. Diese Verstorbenen irren als »hungrige Geister« im »Zwischenhimmel« herum und müssen beim »Fest der hungrigen Geister« (im siebten Mondmonat) beköstigt werden, um sie zu besänftigen. Das ist auch die Zeit, wenn die Wayang, die mobilen China-Straßenopern, durch die Städte ziehen. Die legitimen Ahnen werden hingegen zu Qing Ming (dritter Mondmonat) mit einem Picknick am Grab geehrt.
Mit Begeisterung und vielen für Europäer merkwürdigen Ritualen feiern die Chinesen 14 Tage lang ihr größtes Fest, das Chinesische Neujahr. Damit er im Himmel nur Gutes über seine Gastgeber berichtet, opfern sie dem Küchengott klebrige Süßigkeiten.
Im Gegensatz zu den lauten, umtriebigen Chinesentempeln geht es in reinen buddhistischen Tempeln ruhig zu. Der ursprünglichen Lehre Gautama Buddhas sind Götter fremd, jeder ist sein eigener Karma-Schmied. Ziel der Buddhisten ist es, die Erleuchtung zu erreichen, die ihnen die Erlösung vom Kreislauf der Wiedergeburten bringt. Grundlage sind die vier Wahrheiten vom Leiden und seinem Ursprung, der in der menschlichen Gier liegt, sowie die Überwindung des Leidens über den »achtfachen Pfad«: Um das eigene Karma – eine Art Resultat aus dem Wechsel guter und schlechter Taten – zu verbessern, muß sich ein Buddhist von seinen weltlichen Bedürfnissen lösen und seine Liebe, Güte und sein Mitgefühl den anderen zuwenden.
In der Mahayana-Tradition (chinesischer Buddhismus) dürfen Boddhisatvas – wie die häufig zu sehende Kuan Yin-Gottheit – den Gläubigen auf ihrem Weg zur Erleuchtung helfen. Die Anhänger der Theravada-Tradition (in Thailand und im Norden Malaysias) sind dagegen auf sich selbst gestellt, für sie ist die Meditation ein wichtiges Mittel zur Erleuchtung. Der höchste buddhistische Feiertag ist der Vesak Day; er erinnert an die Geburt, Erleuchtung und den Tod Buddhas.

Islamisch: die Nationalmoschee in Kuala Lumpur

Der Hinduismus hat viele Parallelen zum Theravada-Buddhismus. Wie dort spielen die Seelenwanderung und die Möglichkeit, sich aus dem Kreislauf der Wiedergeburten zu befreien, wichtige Rollen. Ob dies gelingt, hängt vom Karma ab, das in früheren und im aktuellen Leben erworben wurde.
Für Uneingeweihte ist der hinduistische Götterhimmel mit seinem dreifachen Gott Brahma, Shiva, Vishnu und all den Inkarnationen von Vishnu sehr verwirrend. Dabei sind sie nur eine Erfindung der Phantasie, eine Art Brücke, um den einfachen Menschen die Vorstellung von der Religion zu erleichtern. Die farbigen südindischen Gopurams (Tempeltürme) sind sehr anschauliche Darstellungen dieser Götterwelt.

Die Hindu-Muttergottheit Veeramakaliamman

Das hinduistische Kastensystem ist in Singapur und Malaysia nicht sehr ausgeprägt. Mit Enthusiasmus feiern die Hindus das Thaipussam-Fest, das im Ursprungsland längst verboten ist. An Thaipussam büßen die Gläubigen für ihre Sünden, indem sie sich in Trance versetzen und Lippen, Wangen, Rücken und Bauch mit Pfeilen und Haken versetzen und Gewichte dranhängen – ohne einen Tropfen Blut zu verlieren oder Schmerzen zu empfinden. Ein makabres Schauspiel. Deepavali, das Lichterfest, ist da schon angenehmer.
Nicht nur die Orang-Asli und Ureinwohner Borneos hängen ihren Naturreligionen an. Auch in den Bräuchen von Moslems und konvertierten Christen dringen noch zuweilen animistische Rituale durch. So geht der starke Geisterglaube der Chinesen auf die alten Vorstellungen zurück, daß gute und böse Kräfte in der Natur wirken, die es im Gleichgewicht zu halten gilt.
Im Glauben der Orang-Asli und anderer Völker leben die Seelen der Waldmenschen in den Bäumen fort. Und obwohl sie von christlichen Missionaren »bekehrt« wurden, hängen beispielsweise die Kadazan in Sabah noch ihrem alten Glauben an und vertrauen im Notfall eher auf ihre Priesterinnen.

Gebrauchsanleitung für Laksa und Ayam

Küche

Feinschmecker erwartet in Singapur und Malaysia eine paradiesische Essenvielfalt wie nirgendwo sonst in Asien. Denn das bunte Völkermosaik hat natürlich auch die Eßkultur der beiden Länder geprägt: malaiische, chinesische und indische Küche in ihren regionalen Ausprägungen, zusätzlich die gastronomischen Beiträge der Nachbarländer Thailand, Indonesien, Vietnam, Ceylon. Wer kulinarische Abenteuer liebt, kann hier eine spannende Entdeckungsreise durch alle asiatischen Küchen machen – dazu noch für wenig Geld. Denn für eine aromatische Laksasuppe, ein Hainan-Hühnchen (chicken rice) oder ein exotisches Curry mit Reis zahlt man in den rustikalen Food-Zentren oder in einem typischen kedai kopi, der chinesisch-malaiischen Version eines Schnellimbisses, oft nicht mehr als umgerechnet zwei Mark. Aber selbst in den feineren Restaurants sind knackig frische Chili-Krabben, Riesengarnelen und Hummer erschwinglich.

Beliebte Grillspießchen: Saté Club Singapur

Auf den Tisch kommt alles, was Land und Meer hergeben. Das ist mehr als reichlich, denn das vom Monsunklima geprägte Malaysia ist ungemein fruchtbar, und auch die Fischer können im Südchinesischen Meer aus dem vollen schöpfen.

Grundbestandteil der malaiischen Küche ist weißer, gedämpfter Duftreis (nasi). Dazu ißt man Fleisch oder Fisch, grünes Blattgemüse (zum Beispiel kailan), verschiedene Curries oder rendang, eine Art Rindfleischgulasch mit raffinierten Gewürzen und Kokosmilch. Ihr köstliches Aroma erhalten malaiische Gerichte durch reichliche Verwendung von Zitronengras, Ingwer, Zimt, Stern-Anis, Kurkuma, Kreuzkümmel, Gewürznelken, Koriander und Kardamom. Hinzu kommen so exotische Beigaben wie Pandanus-, Kari-, Salam- und Zitronenblätter.

Die Food-Zentren sind eine Quelle für preiswerte Genüsse

Dicke, leicht süßliche Kokosmilch verleiht vielen malaiischen Speisen einen delikaten Geschmack, vor allem in der Kombination mit Zitronengras, Zitronenblättern oder säuerlichem Tamarindenmark. Ein lemak im Namen bedeutet, daß ein Gericht mit Kokosmilch angereichert ist, zum Beispiel ikan lemak (ikan bedeutet Fisch). Und natürlich gehören in die Saucen und Suppen auch noch die scharfen grünen Chilis.

Dennoch sind malaiische Curries nicht so scharf wie die Pendants in Thailand und Südindien. Sollte doch einmal zuviel Feuer den Gaumen »in Flammen setzen«, löscht man am besten mit nasi (Reis) oder naan (indisches Brot).

Auch ohne Sprachkenntnisse ist es sehr leicht, sich ein Menü in allen drei Hauptküchen Singapurs und Malaysia zusammenzustellen – es reicht, wenn man sich ein paar Grundbestandteile einer Mahlzeit einprägt und sie dann entsprechend kombiniert: Mit den drei Worten nasi, mee (Nudeln) und goreng (gebraten) kann man schon die populärsten Gerichte bestellen: gebratenen Reis (nasi goreng) und gebratene Nudeln (mee/mie goreng), gebratenen Fisch (ikan goreng) und Hähnchen (ayam). Ayam und Brühe (soto) ergeben zusammen eine kräftige und beliebte Hühnersuppe (soto ayam).

Saté ayam sind Hühnerspießchen und gleichzeitig eine typische Spezialität. Die Spießchen (saté) werden über Holzkohle gegrillt und dann in eine delikate Erdnußsauce getunkt. Außer mit Huhn gibt es satés auch noch mit Rindfleisch (saté daging), mit Garnelen (saté udang), seltener mit Lamm oder Ziege (saté kambing) und Schwein (babi), da die Malaien als Moslems kein Schweinefleisch essen dürfen.

Eine andere weitverbreitete Spezialität ist laksa, eine kräftige Suppe aus Reisnudeln und Kokosmilch mit Fisch oder Garnelen und weiteren Zutaten. Sie kommt aus der Nonya-Küche (der malaiisch-chinesischen Mischkultur), hat sich aber so sehr durchgesetzt, daß fast

Häppchen-Variation: das chinesische Dim Sum

jede Region eine spezielle laksa-Variante kreiert hat: Singapur-laksa zum Beispiel oder Penang-laksa (asam, mit Tamarinden und sauer) oder auf Thai-Art mit Kokosmilch, Zitronenblättern und Ingwerblüte.
Fisch kommt häufig im Ganzen mit Kräutern gedämpft auf den Tisch, sowie gebraten (ikan goreng), gebacken (pais ikan), gegrillt (ikan bakar) oder als Fischcurry (ikan korma). Ähnlich groß ist die Zubereitungsvielfalt unter den Meeresfrüchten: Garnelen (udang) in einer scharfen Sauce (sambal udang), Tintenfische (sotong) mit Sauce (sambal sotong), Chili-Krabbe (chili crab/ketam), eine Spezialiät vor allem in Singapur, und Hummer (udang kerang).
Das Lieblingsgericht der Südinder, Fischkopfcurry (fish head curry), ist erst in Singapur und Malaysia kreiert worden. Ein untrüglicher Hinweis auf (scharfe) südindische Küche sind Lokale, in denen die schmackhaften Gemüse (Thali)- und Fleischcurries nicht auf Tellern, sondern auf frischen Bananenblättern serviert werden. Wer Scharfes nicht verträgt, läßt besser die Finger davon, auch von den sambals (Saucen mit Chilis). Korma deutet dagegen auf eine eine milde Curryversion hin, wie Lamm-/Ziegencurry (kambing korma). Auch die gehaltvolle indische Moslem-Küche ist meistens gut verträglich: Am besten, man wählt zwei bis drei verschiedene Curries aus, um die unterschiedlichen Geschmacksnoten kennenzulernen.

Aus den indischen Küchen stammen auch köstliche Snacks. Das fängt schon beim Frühstück an. Während die Chinesen morgens gerne einen Reisbrei (congee) essen und die Malaien am liebsten ihren Kokosreis (nasi lemak) mit Ei, Erdnüssen und kleinen, getrockneten Fischen (ikan bili), halten es die Inder lieber mit Brot (roti, naan oder chapati) und herzhaften Beigaben.
Der Duft von Frischgebackenem (roti) leitet einen geradewegs in ein roti canai-Lokal. Dort schleudert der »Bäkker« den mit Butterfett getränkten Teig solange in die Luft, bis er papierdünn ausgezogen ist und gebacken werden kann. Das fertige Blätterteigbrot (roti prata, roti canai) ißt man mit einer scharfen Sauce oder einer Linsensuppe (dal, fehlt zu keiner Mahlzeit). Die noch köstlichere Alternative heißt murtabak und ist gefüllt mit Gemüse oder Fleisch.
Die Chinesen haben die Alltagsküche Malaysias mit zahlreichen Nudelgerichten bereichert. Sehr populär sind beispielsweise die breiten Reisnudeln der Teochew-Chinesen, entweder gebraten (char kway teow) oder als Suppe. Hokkien mee, die dicken gelben Nudeln, gibt es meist gebraten (hokkien mee goreng). Als Ergänzung eines Menüs oder der in Dampf gegarten Bissen (dim sum) bestellen sich die Einheimischen gern gebratene Nudeln nach Singapur-Art (mee goreng Singapore). Als Bestseller aller chinesischen Imbisse erfreut sich jedoch in Brühe gegartes Hainan-Hähnchen auf Reis (chicken rice) landesweiter Beliebtheit.
Im übrigen verspricht der gehobene chinesische Menüfahrplan auch knusprige und geräucherte Ente, Schweinerippchen, Fleisch-, Fisch und Meeresfrüchte in Hülle und Fülle und allen Varianten. Je nach Wunsch pfannengerührt, sautiert, rotgekocht, frittiert oder gedämpft mit Cashewnüssen, Knoblauch, Paprika, Pilzen oder mit Ananas, entweder kaum gewürzt und den Eigengeschmack betonend (kantonesische Art), stark gewürzt mit Knoblauch und Chili (Szechuan), herzhaft und deftig mit Teigwaren statt Reis (Peking), exotisch pikant ähnlich der Szechuan-Küche (Hunan) und vielfältig, aromatisch mit vielen geschmorten Gerichten und Eintöpfen (Schanghai).
Nur die Chinesen benutzen Stäbchen. Malaiische Moslems essen meistens mit Händen, indem sie den Reis zu kleinen Kugeln formen und in Sauce tunken. Im übrigen ißt man in Malaysia mit dem Löffel (rechte Hand) und benutzt die Gabel (linke Hand), um die Bissen auf den Löffel zu schieben.

Meeresfrüchte – überall auf dem Speiseplan

Südindische Küche: Curry auf dem Bananenblatt

Allgemeine Reise-Informationen

Der kleine Inselstaat **Singapur** grenzt an die Südspitze von West-Malaysia und liegt einen Breitengrad nördlich des Äquators. Obwohl nur 633 Quadratkilometer groß, gehört Singapur zu den fünf wirtschaftsstarken »Tigern« in Asien, ist eines der wichtigsten Finanzzentren der Region, besitzt den weltgrößten Containerhafen und ist außerdem ein führendes Handels- und Dienstleistungzentrum. Drei Viertel der drei Millionen Einwohner sind Chinesen, 15 Prozent Malaien und sieben Prozent Inder.

1990 gab Premierminister Lee Kuan Yew nach gut 30 Jahren die Regierung an den jüngeren Goh Chok Tong ab. Von ihm versprechen sich die durch strikte Verbote gegängelten Singapurer mehr Demokratie und Freiheit.

Die Landesflagge Singapurs ist rot-weiß mit einem weißen Halbmond, der die junge Nation symbolisiert. Die fünf Sterne stehen für fünf politische Ideale: Demokratie, Frieden, Fortschritt, Gerechtigkeit und Gleichheit.

Von einer völkerverbindenden Gemeinschaft sind die Bewohner Singapurs (und Malaysias) weit entfernt. Chinesen, Malaien und Inder wohnen zwar friedlich nebeneinander, aber sie verbindet wenig Gemeinsames. Bestreben der Regierung in Singapur ist es daher, bei den Einwohnern eine nationale Identität zu schaffen.

Die jungen Singapurer orientieren sich zusehends an anderen Werten als ihre Eltern und Großeltern. Viele haben an einer Universität im Ausland studiert und liebäugeln – wie in den meisten asiatischen Ländern – stark mit westlichen Konsumgewohnheiten. Die tradierten, strengen Bindungen ihrer Väter empfinden sie häufig als lästig.

Auch beim Heiraten setzen sich junge Leute schon häufiger über die unsichtbaren ethnischen Schranken hinweg. Wegbereiter für eine zunehmend konforme Gesellschaft ist die staatliche Wohnungspolitik. In den neuen Wohnsiedlungen Singapurs wohnen Chinesen, Malaien und Inder in einem Wohnblock zusammen. Für die klassische Großfamilie ist in den kleinen Wohnungen kein Platz mehr.

Die **Föderation Malaysischer Staaten** ist mit 329 759 Quadratkilometern knapp so groß wie das vereinigte Deutschland und verteilt sich auf zwei Landesteile: Das Kerngebiet West-Malaysia (ehemals Malaya) mit elf Staaten liegt auf der Malaiischen Halbinsel (Peninsular Malaysia), begrenzt von Thailand im Norden, Singapur im Süden, von der Meeresstraße von Malakka im Westen und dem Südchinesischen Meer im Osten. Ost-Malaysia besteht aus den beiden Staaten Sarawak und Sabah und liegt im nördlichen Teil der Insel Borneo. Von Frankfurt ist die Hauptstadt Kuala Lumpur 10 300 Kilometer entfernt.

Mit über 200 000 Quadratkilometern ist Ost-Malaysia sehr viel größer als der Westteil, hat aber mit rund drei Millionen nur einen Bruchteil der knapp 18 Millionen Einwohner Malaysias. Der Anteil der Malaien liegt auf der Malaiischen Halbinsel bei über 50 Prozent, während in Sarawak und Sabah die eingeborenen Völker zahlenmäßig die stärkste Gruppe bilden. Chinesen sind im ganzen Land die zweitstärkste Gemeinschaft, gefolgt von den Indern.

Malaysia ist eine föderative Wahlmonarchie mit 13 Staaten. Ihr steht ein König (Yang di-Pertuan Agong) als Staatsoberhaupt vor. Er erwirbt sein Amt nicht durch die Erbfolge, sondern wird von den Sultanen der Staaten jeweils für fünf Jahre gewählt.

Bis auf den christlichen, dem Volk der Kadazan angehörenden Regierungschef in Sabah sind die Oberhäupter aller zwölf restlicher Staaten malaiische Moslems. Sie gelten auch als geistige Führer ihres Territoriums. An der Spitze der sieben Sultanate auf der Halbinsel Malaysia stehen Sultane, im Bundesstaat Perlis heißt der Führer Raja und in Negeri Sembilan wird er Yang di-Pertuan Besar genannt. Sie erhalten ihr Amt durch Erbfolge. Die Repräsentanten der Staaten Malacca, Penang, Sabah und Sarawak setzt der König dagegen in ihr Amt ein. Die Regierungsgeschäfte führt jeweils ein gewählter Premierminister.

Schwankender Übergang in Pulau Singa

Der Islam ist nationale Religion, doch ist die Religionsfreiheit in der Verfassung verankert. Die Bumiputra (malaiische Moslems) genießen im politischen und wirtschaftlichen Leben zahlreiche Privilegien gegenüber den chinesischen und indischen Landsleuten.

Die vierzehn roten Streifen auf der Bundesflagge repräsentieren die 13 Staaten und den Bundesstaat, das blaue Feld oben links die Einheit der Volksgruppen, der gelbe Halbmond steht für den Islam als nationale Religion. Gelb ist auch die repräsentative Farbe für das Königshaus.

Malaysia gehört zu den sogenannten Schwellenländern. Den Wohlstand verdankt es zum einen seinen reichen Bodenschätzen, vor allem Zinn und seit kurzem auch Erdöl. Außerdem werden Kautschuk und Ölpalmen angebaut – bei beiden ist Malaysia eine der führenden Exportnationen der Welt – und die verarbeitende Industrie ausgebaut, wodurch das Land von den internationalen Rohstoffmärkten unabhängiger wird.

Ein wichtiger Wirtschaftsfaktor ist außerdem der Export von tropischem Edelholz, vor allem nach Japan. Das hat Malaysia weltweite Kritik eingetragen, da die reichen, zum Teil 130 Millionen Jahre alten Regenwälder des Landes rücksichtslos vernichtet und der Lebensraum der dort lebenden Urvölker beschnitten werden. Die Abholzung hat globale Folgen für das Klima.

Adressen

Singapur: Singapore Tourist Promotion Board (STPB), Poststraße 2–4, 60329

Frankfurt/M., Tel. 0 69/23 14 56 (auch für Österreich zuständig). Deutsche Botschaft, 545 Orchard Road, Far East Shopping Centre, Tel. 7 37 13 55.
Malaysia: Malaysia Tourism Promotion Board (MTPB), Roßmarkt 11, 60311 Frankfurt/M., Telefon 0 69/28 37 82 (auch für Österreich und die Schweiz). Deutsche Botschaft, 3 Jalan U Thant, Kuala Lumpur, Tel. 03/2 42 96 66.

Anreise

Nach Singapur fliegen von Frankfurt täglich Singapore Airlines und Lufthansa nonstop, außerdem mehrmals wöchentlich zahlreiche andere Gesellschaften wie Qantas, Emirates und Swissair (von Zürich). Der Nationalcarrier Malaysian Airlines (MAS) fliegt mehrmals wöchentlich von Frankfurt, München und Zürich nach Kuala Lumpur, außerdem Lufthansa und andere. Zudem gibt es direkte Charter-Verbindungen nach Penang und Langkawi.
Zwischen Singapur und Kuala Lumpur bzw. Penang werden fast stündliche Verbindungen angeboten. Bei der Ausreise beträgt die Flughafengebühr in Singapur 12 S-Dollar, in Malaysia 20 M-Dollar.

Einreise

Deutsche können sich bis zu drei Monate ohne Visum in Singapur und Malaysia aufhalten. Für die Einreise benötigen sie einen gültigen Reisepaß, der noch mindestens sechs Monate über das geplante Ausreisedatum gültig ist. Lange Haare und schmuddeliges Aussehen sind nicht gern gesehen und können dazu führen, daß die Einreise verweigert wird.
Achtung: Der Besitz von nur 15 Gramm Heroin und anderem Rauschgift und die Einfuhr von Drogen werden gnadenlos mit dem Tod bestraft. Deshalb sollte man bei der Ein-/Ausreise auf keinen Fall – auch nicht gefälligkeitshalber – ein Päckchen von Fremden in Verwahrung nehmen und stets auf das Gepäck achten, damit keine Sendung »untergeschoben« wird. Zigaretten sind bei der Einfuhr nach Singapur auch in kleinsten Mengen zu verzollen. Deviseneinfuhr ist unbegrenzt.
Impfnachweise werden nicht verlangt, es sei denn, man war kurz zuvor in einem vom Gelbfieber infizierten Land.

Einkaufen

Mit seinen glitzernden Einkaufszentren und seiner Warenfülle ist Singapur zwar immer noch ein Einkaufsparadies, aber es teilt das Schicksal mit Hongkong: Die Preise sind so geklettert, daß es sich nicht mehr lohnt, Stunden und Tage der kostbaren Reisezeit für ein Schnäppchen zu opfern, bei dem man vielleicht 50 oder 100 Mark für eine Kamera spart.
Auch Malaysia wirbt gern mit seinen günstigen Einkaufsgelegenheiten. Es hat zwar gigantische Shoppingzentren, vor allem in Kuala Lumpur, aber das Warenangebot hinkt weit hinter dem von Singapur zurück. Am besten, man reduziert die Erwartungen auf Null und läßt sich positiv überraschen.
Dennoch macht es Spaß, zum Beispiel in Penang, Kota Bharu (gut und preisgünstig für Batik und Kunsthandwerk) und Kuching durch die zahlreichen Geschäfte und teuren, aber gutsortierten Kunsthandwerkszentren zu bummeln. Es gibt dort sehr schöne Batikarbeiten, Seide, Songketstoffe, Masken, Schnitzereien, Lederarbeiten, Körbchen in ansprechendem Design, Souvenirs und Schmuck. Die Galerien bieten Kunst zu günstigen Preisen, doch die Antiquitäten sind nur selten wirklich alt.
Viele Geschäfte haben schon feste Preise. Ansonsten sollte man handeln, etwa 20 bis 30 Prozent Nachlaß sind drin.

Elektrizität

In Singapur 220 bis 240 Volt, in Malaysia im allgemeinen 220 Volt. Adapter erforderlich.

Feste, Feiertage

Drei große Volksgruppen und ihre Religionen bedeuten einen umfangreichen Festkalender. Da sich die meisten Feste nach dem Mondjahr richten, verschieben sich die Termine in jedem Jahr. Die genauen Termine sind bei den Fremdenverkehrsämtern erhältlich.
Touristen sollten an den wichtigsten Festtagen vermeiden, im Land zu reisen, da Flüge, Busse, Bahnen und Straßen hoffnungslos überfüllt sind.

Januar/Februar: Das chinesische Neujahr ist das größte Fest der Chinesen und dauert 14 Tage; nur an zwei Tagen wird aber nicht gearbeitet und sind viele Läden und Lokale geschlossen. In dieser Zeit besuchen sich die Familien untereinander, auf den Straßen gibt es Tänze und Paraden, Feuerwerk, Straßenmärkte in den Chinatowns und wahre Eßgelage.
Thaipussam, das martialische Fest der Hindus, wird Ende Januar/Anfang Februar zu Ehren des Gottes Subramanian begangen. Prozessionen in Singapur (Sri Mariamman-Tempel), in Kuala Lumpur zu den Batu Caves und in Penang.

Das Konterfei des Königs ziert die malaysischen Banknoten

April: Hari Raya Puasa, das Ende des Fastenmonats Ramadan, feiern die Moslems mit gutem Essen und weit geöffneten Haustüren – ein Zeichen dafür, daß dann auch Nichtmoslems in den Wohnhäusern willkommen sind. Das Fest verschiebt sich jedes Jahr nach vorn.

September/Oktober: Festival of the Nine Emperor God: Neun Tage Andachten mit Prozessionen, Wayang und Feuerläufen in Singapur, Kuala Lumpur und Penang.

Oktober/November: Deepavali, das Hindu-Lichterfest zur Erinnerung an den Sieg des Lichts über die Finsternis, wird mit einer Vielzahl von Lichtergirlanden und bunten Lampions begangen. Das Thimithi-Festival feiern die Inder mit Feuerläufen im Sri Mariamman-Tempel in Singapur.

Eine beliebte chinesische Delikatesse: »hundertjährige Eier«

Mai: Vesak Day, die Geburt und Erleuchtung Buddhas, wird mit Lichterprozessionen gefeiert. Der Mai und die ersten Tage des Juni sind auch Festivalzeit in Sarawak und Sabah mit den Erntefesten (Gawai) der Iban und Kadazan, dem Sabah-Fest.

Mai/Juni: Drachenboot-Festival mit lautstarken Bootsrennen in Singapur und Penang.

Juli/August: Festival der hungrigen Geister: Einen Monat lang werden Essensopfer an den Straßenrändern dargebracht und große Weihrauchstäbe angezündet. Dies ist die Zeit der mobilen China-Opernbühnen (Wayang). Singapurs Nationalfeiertag wird am 9. August mit Paraden und Darbietungen begangen, Malaysia feiert den Unabhängigkeitstag (Merdeka) in ähnlichem Stil am 31. August.

September: Mondkuchenfest zum Andenken an den Sieg über die Mongolen mit Laternenumzügen und etwas fadem Mondkuchen-Gebäck.

Dezember: Pesta Pulau Penang, ein Kulturfest auf Penang mit Umzügen, Wettbewerben und Darbietungen. Weihnachten mit üppiger Weihnachtsdekoration in Singapur.

1994 ist von der malaysischen Regierung zum »Visit Malaysia Year« ausgerufen worden; viele Veranstaltungen und Feste.

Flora und Fauna, Dschungeltouren

Noch bietet der tropische Regenwald Malaysias über 2500 Baumarten und die üppigste Pflanzenvielfalt der Erde mit über 8000 Blütenpflanzen, darunter die größte Blüte der Welt (Rafflesia) und 200 Palmen. Allein am Mount Kinabalu wurden über 800 Orchideen- und 400 Farnarten registriert. Entsprechend vielfältig ist die Tier- und Vogelwelt: rund 400 Säugetiere wurden gezählt, neben seltenen Nashörnern, Elefanten, Tapiren, Leoparden und Hirschen vor allem Affen (Orang-Utans, Gibbons, Nasenaffen). Hinzu kommen über 450 Vogelarten wie der bizarre Nashornvogel (das Wappentier von Sarawak), 250 Reptilien, Schlangen, Riesenschildkröten, Krokodile, Rieseneidechsen und 150 000 Insektenarten.
Für kleine Ausflüge in den Regenwald von Taman Negara oder zu den Niah-Höhlen benötigt man im allgemeinen keine Dschungelausrüstung. Anders bei größeren Touren, die auch eine hervorragende Kondition erfordern. Das Gehen in der extrem feuchten, schweren Luft ist sehr anstrengend und schweißtreibend. Empfehlenswert ist leichte Baumwollkleidung mit langen Ärmeln und Hosenbeinen (mindestens ein Paar zum Wechseln), Jeans und T-Shirts als Reserve. Haare und Kleidung sind in wenigen Minuten durchgeschwitzt. Ein Handtuch leistet daher gute Dienste. Für Bergtouren und Hö-

Essen ist eine Lieblingsbeschäftigung aller drei Volksgruppen

henlagen sollte man einen Pullover und eine Windjacke mitnehmen. In den Regenwäldern des Flachlands sind stabile Dschungelboots mit Profil besser als schwere Lederstiefel, da man häufig durch Wasser waten muß. Ein Hut mit breiter Krempe gegen Regen und Sonne sowie ein leichtes Plastikcape gehören ebenfalls in den Rucksack. Eine starke Taschenlampe und Ersatzbatterien sind unabdingbar (vor allem für die Höhlen), sowie eine Wasserflasche mit reichlich Wasser.

Für die Kamera sind ein Feuchtigkeitsschutz und viel Silicon-Gel notwendig. Plastiktüten schützen die Sachen im Rucksack gegen die alles durchdringende Feuchtigkeit. Gegen die lästigen Blutegel – vor allem nach Regenfällen – helfen sehr schnelles Gehen oder spezielle Socken (Leechy socks) sowie »Baygon Insect Repellent«. Bei schwierigen Touren ist es sinnvoll, sich einer Gruppe anzuschließen oder einen Führer zu nehmen, der sich möglichst auch mit der Flora und Fauna auskennt.

Übermäßige Gefahren sind vom Regenwald nicht zu erwarten, wilde Tiere und Schlangen ziehen sich vor den Menschen meist zurück. Dennoch sollte man sehen, wohin man tritt, nichts abreißen und anfassen, auch keine Zweige: Sie könnten sich, ähnlich wie manche Raupenarten, durch ein Berührungsgift wehren, das böse Schwellungen und Juckreiz hervorruft. Echte Naturfreunde entsorgen ihren Abfall nicht im Wald, sondern im Mülleimer des Camps.

Fotografieren

Malaysia und Singapur bieten eine überwältigende Fülle von Fotomotiven. Es empfiehlt sich daher (vor allem bei Diafilmen), genug Filmmaterial mitzubringen. Filme sind in Singapur und Malaysia kaum billiger, zum Teil sogar teurer als in Deutschland. Wegen der starken Lichtkontraste und der Dunkelheit im Regenwald empfehlen sich die relativ lichtempfindlichen Filme von 200 ASA.

Vor allem ältere Menschen sind sehr scheu und möchten nicht fotografiert werden. Sensible Fotografen fragen daher, bevor sie auf den Auslöser drücken, und respektieren ein Abwinken. Umgekehrt bietet das Fotografieren eine gute Gelegenheit, mit den Menschen ein Gespräch anzufangen – auch wenn es nur bei einem radebrechenden Versuch bleibt.

Frauen

Singapur ist für alleinreisende Frauen ein Paradies, Malaysia nur bedingt in einigen orthodox-moslemischen Landesteilen (vor allem an der Ostküste), da dort westliche Frauen und ihre freizügige Einstellung als Herausforderung gesehen werden. Wer sich dieser Provokation bewußt ist, sich entsprechend zurückhaltend verhält und etwas »züchtiger« kleidet (lange Hose oder Rock statt knapper Shorts, kurze Ärmel statt ärmellos, BH und Badeanzug statt »oben ohne«), wird im allgemeinen wenig Probleme haben. Frauen, die Wert auf busenfreie Badekleidung legen, sollten Malaysia besser meiden, denn es ist dort nicht nur verboten, sondern kann auch zu Schwierigkeiten mit den Männern führen.

Wohnraum im Baba Nonya-Museum von Melaka

Geld

Der Singapur-Dollar ist teilweise an das DM-System angelehnt und unterliegt daher nicht so starken Kursschwankungen (Umrechnungskurs: ein S-Dollar mit 100 Cents entspricht etwa 1,10 DM). Geld wechseln kann man auch abends und am Wochenende in den zahlreichen Wechselstellen überall in der Stadt sowie in den Einkaufszentren. Die Währung von Malaysia heißt Ringgit, wird aber häufiger Malaysia-Dollar (M-Dollar) genannt (ein Ringgit mit 100 Sen entspricht etwa 0,65 DM). Die Wechselstellen in den Städten (vor allem in den Einkaufszentren) sind über die üblichen Banköffnungszeiten hinaus oft bis spät abends und an Wochenenden geöffnet. Der Kurs ist geringfügig ungünstiger als bei den Banken, dafür ersparen sie einem lange Wartezeiten und bürokratischen Aufwand.

Außerdem gibt es Bargeldautomaten für Kreditkarten, und einige (Auslands-) Banken zahlen auch Bargeld auf Kreditkarten aus. Die Banken sind in beiden Ländern Mo bis Fr von 10 bis 15 Uhr und Sa von 9.30 bis 11.30 Uhr geöffnet. In den Bundesstaaten Kelantan, Terengganu Kedah und Perlis (Ostküste) sind sie Donnerstag nachmittag und Freitag geschlossen.

Hotels und viele Geschäfte akzeptieren in beiden Ländern die gängigen Kreditkarten (Visa, Amex, Diners, Eurocard/Master Charge). Empfehlenswert ist jedoch auch die Mitnahme von Reiseschecks, die wie Bargeld angenommen werden, aber sicherer sind. Deutsche Mark und DM-Schecks werden in Singapur und Malaysia gleichberechtigt neben dem US-Dollar akzeptiert. Lediglich an der Ostküste muß man mit Kursverlusten rechnen und die Mark eventuell in einer ausländischen Bank umtauschen statt bei einem Money

Opfergaben beim »Fest der hungrigen Geister«

Changer. Manchmal kann man den Wechselkurs herunterhandeln, zudem lohnen sich Vergleiche bei verschiedenen Geldwechslern.

Gesundheit

Obwohl Singapur und Malaysia in den Tropen liegen, gibt es keine großen Gefahren für die Gesundheit. Die hygienischen Standards in Singapur übertreffen die deutschen bei weitem, und auch in Malaysia sind sie fast auf europäischem Niveau.
Die Ärzteversorgung in den Städten ist gut. Wer sicher gehen will, trinkt Mineralwasser aus Plastikflaschen, das es überall zu kaufen gibt. In Singapur und den Städten West-Malaysias ist das Wasser aus dem Hahn trinkbar. Wie überall in den Tropen sollte man auf den Verzehr von frischen und grünen Salaten, Mayonnaise, offener Eiscreme und rohem Fleisch und Fisch verzichten. Alle frisch zubereiteten und auf über 100 Grad erhitzten Speisen kann man unbedenklich verzehren.
Sollte sich dennoch eine Diarrhoe einstellen, so wartet man am besten erst einmal ab und läßt die Giftstoffe aus dem Körper herausschwemmen. Antibiotika richten in diesem Fall mehr Schaden als Nutzen an. Wenn nach einigen Tagen keine Besserung eintritt, sollte man einen Arzt aufsuchen. Besonders wichtig ist, daß der Flüssigkeitsverlust ausgeglichen wird. Überhaupt sollte man mindestens drei bis vier Liter am Tag trinken, da der Flüssigkeitsverlust durch starkes Schwitzen sehr hoch ist.
Auf längere Dschungeltouren sollte man Wasserfilter und eventuell chemische Entkeimungsmittel (Micropur) mitnehmen.
Viel wahrscheinlicher holt man sich durch das häufige Wechselbad zwischen hoher Außentemperatur und klimatisierten Räumen eine Erkältung.
Wer sich bräunen will, sollte ein gut schützendes Sonnenschutzmittel mitnehmen, denn die Tropensonne erzeugt gefährliche Verbrennungen, wenn man keine Vorsorge trägt. Die Haut nur dosiert der Sonne aussetzen (empfehlenswert: zehn Minuten am ersten Tag, 20 am zweiten, eine halbe Stunde am dritten, jeden Tag zehn Minuten mehr; nach einer Woche hat sich die Haut an die Sonne gewöhnt).
Bei der Vorsorge sollte man darauf achten, daß die Polio- und Tetanus-Impfungen noch wirksam sind, gegebenenfalls sind sie aufzufrischen. Der Arzt wird je nach Reiseplan und Essensgewohnheiten auch noch eine Hepatitis- und Typhus-Schluckimpfung empfehlen.
Die Malaria ist noch in wenigen Teilen Malaysias verbreitet, vor allem im Landesinnern und Ost-Malaysia. Kuala Lumpur und die Städte an der Westküste gelten weitgehend als malariafrei. Wer längere Dschungeltouren oder einen Aufenthalt in Ost-Malaysia (Sabah/Sarawak) plant, sollte sich von einem kompetenten Arzt beraten lassen. Wegen zunehmender Resistenz der Erreger muß die Prophylaxe sorgfältig auf den individuellen Reiseplan zugeschnitten werden.
Am besten, man schützt sich zusätzlich durch langärmelige Blusen oder Hemden und lange Hosen sowie Mückenmittel. In Gartenlokalen oder Restaurants mit offenen Fenstern kann man um mückenabweisende Räucherspiralen bitten. Auch starke Ventilatoren am Bett sind ein guter Moskitoschutz. Aids breitet sich in Malaysia zusehends aus.

Für jede Volksgruppe die eigene Zeitung

Kleidung

Für die Tropen empfehlen sich leichte Baumwollkleidung und Jeans. Aber man sollte nicht zuviel einpacken, da man im Land günstig T-Shirts und modische, farbenfrohe Batikkleider, -hemden und -blusen kaufen kann. Für Ausflüge und Touren empfehlen sich leichte Sport- und Joggingschuhe mit Profilsohle. Badekleidung, Shorts und ärmellose Kleider sollten nur im Strandbereich und Hotel getragen werden.

Klima, Reisezeit

In Singapur ist es das ganze Jahr über feuchtheiß mit Tagestemperaturen um 29 Grad und gelegentlichen tropischen Regengüssen. Die Ausläufer des Monsuns bringen von November bis Januar eine Art Regenzeit. In West-Malaysia liegen die Temperaturen bei gleichbleibend hoher Luftfeuchtigkeit von 80 bis 90 Prozent im Schnitt um 27 Grad, im Bergland um 22 Grad, in Borneo um 31 Grad.

Die Regenzeiten richten sich nach dem Südwest-, beziehungsweise Nordostmonsun. Er sorgt an der Ostküste und in Taman Negara von November bis Januar für schwere Regenfälle. An der Westküste sind April/Mai und September/Oktober regenreicher als die anderen Monate – doch das heißt nur, daß es etwas häufiger als sonst, aber nicht durchgehend regnet. Im übrigen eignet sich das ganze Jahr als Reisezeit.
Auf Borneo bringen die Monate Oktober bis Februar schwere Regenfälle in Sarawak und an der Ostküste Sabahs.

Stets dichter Verkehr: Einkaufsstraße in Kuala Lumpur

Knigge

In der multikulturellen Gesellschaft Malaysias und Singapurs hat jede Volksgruppe ihre eigenen Umgangsformen, die sich zum Teil aus ihrer Religion ableiten. Am auffälligsten sind sie bei den Moslems. Der Koran verbietet ihnen, Alkohol zu trinken und Schweinefleisch zu essen. Um die Menschen nicht in Verlegenheit zu bringen, sollte man ihnen weder das eine noch das andere anbieten. Umgekehrt geraten die überaus gastfreundlichen Malaien, vor allem an der orthodox-moslemischen Ostküste in einen tiefen Konflikt, wenn man von ihnen verlangt, daß sie Alkohol ausschenken, oder sich lautstark darüber ärgert, daß ihnen dies untersagt ist. Nach ihrer Denkweise verletzen sie dadurch die ihnen »heilige« Gastfreundschaft und verlieren darüber hinaus ihr Gesicht.
Malaien essen noch häufig mit der Hand (nur mit der rechten). Von Fremden erwarten sie nicht, daß sie dies auch tun. Gäste sollten aber vermeiden, die linke Hand, die für die Körperreinigung auf der Toilette verwendet wird und als unrein gilt, zum Essen zu verwenden, sowie zum Abreißen von Brot oder um Gegenstände zu übergeben: Dafür ist ausschließlich die rechte Hand zuständig. Die linke Hand legt man beim Essen am besten unter dem Tisch auf den Oberschenkel, damit man gar nicht erst in Versuchung kommt.
Beim Betreten eines Hauses, in Moscheen und in Tempeln gebieten es die Höflichkeit und der Respekt, die Schuhe auszuziehen. Beim Sitzen sollte man darauf achten, daß man niemandem die Fußsohlen entgegenstreckt – das gilt als Beleidigung. Man zeigt auch nicht mit dem Finger auf Personen und Sachen, sondern bewegt die vier Finger einer ausgestreckten Hand (mit dem Handballen nach unten) zum Körper hin, zum Beispiel, um ein Taxi heranzuwinken.
Zärtlichkeiten und Berührungen in der Öffentlichkeit sind verpönt. Männer und Frauen reichen sich in der Regel nicht die Hand; in den Städten und verwestlichten Kreisen wird diese Etikette jedoch lockerer gehandhabt. Frauen sollten sich auf keinen Fall mit überkreuzten Beinen hinsetzen: Das ist höchst unschicklich.
Ein Koran darf von Nichtgläubigen nicht berührt werden. Viele Moscheen gestatten Besuchern zwar den Eintritt, sie erwarten aber, daß sich die Fremden diskret verhalten und die Betenden nicht stören, auch nicht durch Fotografieren.
In einfachen Hotels und auf dem Lande sieht man noch häufig »malaiische Duschen«, bestehend aus einem Wasserbehälter und einem Schöpfgefäß aus Plastik mit Griff und Schnabel. Damit gießt man das Wasser über den Körper – einfach, aber wirkungsvoll.
Malaysier sind höflich, eher sanft und zurückhaltend. Die Ungeduld der Menschen aus dem Westen ist ihnen unverständlich, und laute Stimmen, ärgerliches Auftreten oder gar Beschimpfungen empfinden sie als äußerst unangenehm. Offene Kritik und brüske Ablehnung läßt sie das Gesicht verlieren. Aus diesem Grund bedeutet ein asiatisches »Ja« nicht unbedingt Zustimmung.
Im Kern gilt dies auch für die Chinesen. Ihr Umgang miteinander ist darauf abgestellt, jederzeit das Gesicht zu wahren. Ein kategorisches Nein oder eine brüske Absage sollten daher vermieden werden. Wichtig ist, keinen Anlaß dafür zu bieten, daß der andere sein Gesicht verliert, indem man ihn beispielsweise beschuldigt, sich vorwurfsvoll beschwert oder gar aus der Haut fährt. Diese Reaktion hätte völliges Unverständnis zur Folge, und erreicht wird nichts. Im Gegenteil, lautes Auftreten verschließt häufig alle Türen.
Die Singapur-Chinesen, vor allem die jüngeren und im Ausland ausgebildeten, haben dagegen bereits viele Gewohnheiten aus dem Westen übernommen. Unterschiede verwischen immer mehr. Viele sind jedoch noch im Geist Konfuzius' erzogen, haben einen starken Familiensinn und besitzen einen ausgeprägten Geisterglauben.
Wie Europäer sehen auch die Chinesen manche Zahlen, Anordnungen und Ereignisse als glück- oder unglückbringend an, zum Beispiel ungerade Zah-

Beliebte Souvenirs: chinesische Vasen

len. Geschenke und Blumen werden daher nur paarweise bzw. in gerader Zahl übergeben. Da man bei Blumen vieles falsch machen kann, schenkt man besser Süßigkeiten (gerade Zahl), exquisite Delikatessen oder eine gute Whisky-Marke. Anders als bei den Malaien sind auch Geldgeschenke willkommen – in speziellen roten Tütchen, denn die Farben Weiß (Beerdigungen), Schwarz und Blau bringen Unglück, während Rot (Hochzeiten) eine fröhliche Farbe ist. Geschäfte und Geldverdienen stehen bei den Chinesen im Vordergrund ihrer Bestrebungen. Über Geld und Preise wird daher offen gesprochen. Ebenso selbstverständlich fragen die Chinesen die Besucher aus Europa nach deren Verdienst. Wer morgens als erster Kunde in einen Laden kommt, sollte wenigstens eine Kleinigkeit kaufen, um nicht ein Unglück für den Ladenbesitzer heraufzubeschwören. Dies bietet die Möglichkeit, einen günstigen Preis auszuhandeln.

Die Chinesen betreten ihre Tempel häufig mit Schuhen, während diese bei buddhistischen Tempeln vor Betreten der Halle ausgezogen werden.

Chinesen essen leidenschaftlich gern. Wer ihnen eine Freude machen will, lädt sie zum Essen in ein gutes Restaurant ein. Gerichte werden nicht einzeln als Tellergericht bestellt: Man sitzt an großen, runden Tischen (für die Großfamilie), die Schüsseln kommen in die Mitte und jeder bedient sich daraus. Es wäre ein großer Faux-pas, wenn man nur für sich bestellen würde. Der Gastgeber wählt die Gerichte – pro Kopf etwa eines plus Reis – aus oder überläßt dies seinem chinesischen Gast.

Auch in der Gegenwart von Indern sollte man nicht mit der linken Hand essen und sie nie im gesellschaftlichen Umgang benutzen. Einige Inder sind Moslems, daher gelten für sie dieselben Verhaltensregeln wie für die Malaien.

Kinder aller drei Volksgruppen sollten grundsätzlich nicht an den Kopf gefaßt oder gestreichelt werden, da er als der Sitz der Seele gilt.

Gelb ist in Malaysia die Farbe des Königshauses und sollte in der Kleidung möglichst nicht dominant sein. Knie und Arme müssen beim Besuch von Tempeln und Moscheen bedeckt sein.

Wer mehr über die Unterschiede in der Kultur und den Verhaltensweisen erfahren möchte, sollte sich Jo Ann Craigs Kultur-Knigge »Malaysia und Singapur« (Hayit Verlag, Köln) besorgen. Er beschreibt unter anderem auch die verschiedenen Bräuche bei Hochzeiten, Geburten und Beerdigungen.

Küche

Essen ist unübersehbar die Lieblingsbeschäftigung aller drei großen Volksgruppen. Deshalb ist die Auswahl an Restaurants und Essenständen fast unerschöpflich. In Singapur können auch magenempfindliche Besucher unbedenklich von den Ständen der Garküchen und Food-Zentren essen und die Cocktails mit Eiswürfeln trinken. Wenn Magen und Darm rebellieren, dann wahrscheinlich eher wegen der ungewohnten Kost oder weil Reisestreß und Klimawechsel nachwirken oder man zuviel von den köstlichen, frischgepreßten Fruchtsäften getrunken hat. Auch in Malaysia mit seiner strengen moslemischen Zucht (auch in hygienischen Dingen) kann man im allgemeinen nach Herzenslust von den Garküchen der Food-Zentren und Nachtmärkte naschen.

Diese Food-Zentren mit ihren Dutzenden von Ständen bieten Besuchern die Gelegenheit, direkt zu sehen, was es gibt, und nach einem Rundgang aus den Schüsseln und dampfenden Töpfen das auszuwählen, wonach ihnen der Appetit steht. Jeder »Wirt« bietet etwa ein bis zwei Dutzend verschiedener Gerichte, und Helfer besorgen von anderen Ständen die Getränke: Säfte, Limonaden, Bier oder chinesischen Jasmin-Tee, der sich zu allen Mahlzeiten eignet. Gegen Durst empfiehlt sich Kokoswasser aus der grünen Kokosnuß; es ist nicht nur hygienisch einwandfrei, sondern auch erfrischend und gesund.

Eine preiswerte Essensquelle sind auch die chinesischen Kedai kopi (Imbißlokale/Coffee Shops) und indischen Roti. Diese Lokale sehen meistens sehr einfach und rustikal aus, bieten aber oft gute, simple Küche.

Essen zu gehen ist für Besucher aus Europa in Singapur und Malaysia eine preisgünstige Angelegenheit. In den Food-Zentren wird man schon für umgerechnet weniger als vier Mark satt, in einfachen Lokalen (*) für weniger als acht Mark. In mittleren Restaurants (**) sollte man zehn bis 25 Mark einplanen, in sehr feinen oder besseren Hotelrestaurants (***) kann der Preis für ein Abendessen 40 Mark übersteigen.

Literatur

Über Singapur und Malaysia gibt es eine große Auswahl an Reiseführern und Literatur. Als Einstimmung empfiehlt sich ein Roman über die Anfänge Singapurs: Christopher Nicole, »Perle des Orients« (Wilhelm Heyne Verlag, München). Eine anschauliche Einführung ist das Buch »11mal Singapur« von Rolf Vente (Piper Verlag, Zürich). Kritisch und fundiert hat sich Jürgen Dauth, Asien-Korrespondent renommierter deutscher Zeitungen, im VSA-

Der Bahnhof von Kuala Lumpur

Band »Malaysia« mit der Kultur auseinandergesetzt. Für Eisenbahnfreunde schrieb Anita Kreß-Zorn das Buch »Malaysia Express«, eine anschauliche Text- und Bildreportage über eine Fahrt mit der Bahn von Thailand nach Singapur (Pietsch Verlag, Stuttgart).
Wer unterwegs nicht sprachlos sein möchte, bekommt mit dem Bändchen »Malaiisch für Globetrotter« (Peter Rump Verlag, Bielefeld) einen nützlichen Reisebegleiter. Ausführliche Reiseführer für unterwegs sind: Stefan Loose, »Malaysia, Singapur, Brunei Traveller Handbuch« (Stefan Loose Verlag, Berlin), sowie »Malaysia und Singapur Kunst- und Reiseführer« mit tiefergehenden landeskundlichen Informationen über die Volksgruppen und Religionen, Geschichte und die verschiedenen Kulturen (Kohlhammer, Stuttgart). Das in der Reihe »Reise Know-how« erschienene Handbuch »Malaysia & Singapur« ist ebenfalls kompakt, reicht an das Loose-Handbuch aber nicht heran; oft sind die Angaben und Adressen unvollständig und die Texte oberflächlich. Der Apa Guide Malaysia hat zu viele und zu schlechte Fotos; das Landesporträt ist zwar anschaulich und lebendig geschrieben, hinkt der aktuellen Entwicklung aber hinterher und enthält einige grobe Fehler (RV Verlag). Hintergrundinformationen bieten die Sympathie-Magazine Malaysia und Singapur sowie »Islam verstehen« (Studienkreis für Tourismus, Starnberg).

Maße

Malaysia hat das metrische System eingeführt. Entfernungen werden in Metern gemessen, Gewichte und Flüssigkeiten in Gramm und Liter. Manchmal verwenden Malaysier allerdings noch englische Maße.

Nationalparks

Malaysias Nationalparks zeichnen sich durch ihre über 100 Millionen Jahre alten Dschungel, verzweigten Kalksteinhöhlen, Flüsse, Wasserfälle, Berge sowie eine überwältigende Flora und Fauna aus. Sie bieten vielfältige Möglichkeiten der Erkundung: Flußtouren, Klettern, Höhlenwanderungen, Vogelbeobachtungen, Camping, Schwimmen, botanische Wanderungen.
In Festland-Malaysia gibt es neben dem großen Taman Negara (s. Kap. 7) noch zwei kleinere Schutzgebiete: den Kenong Rimba-Park (Höhlen, Klettern) nahe Kuala Lipis und den Endau Ropin-Park im Staat Pahang. Die meisten Parks befinden sich jedoch in Sabah und Sarawak, wie der Kinabalu-Park, Tawau Hills, Tunku Abdul Rahman Park, Turtle Islands, Niah National, Lambir Hills, Bako und Gunung Mulu Park (s. Kap. 9).
Wer die Nationalparks besuchen will, benötigt in der Regel ein Permit, das von den Parkverwaltungen ausgestellt wird (Auskunft beim TDC). Unterkunft im voraus buchen. Siehe auch »Flora und Fauna«.

Der Kuan Yin-Tempel in Penang: Weihrauchstäbchen, um den Göttern zu schmeicheln

Post, Telefon

Telefonieren ist in Malaysia und Singapur einfach und problemlos, auch nach Europa. Wer in Malaysia häufiger telefonieren möchte, kann sich für verschiedene Beträge von drei bis 50 M-Dollar auch eine Telefonkarte bei der Post (Kadfon) oder an Tankstellen und Flughäfen (Uniphone) besorgen. Auch der Fax-Versand ist unproblematisch. Vorwahl von Malaysia nach Deutschland: 00 49.
Telefonate zwischen Singapur (Vorwahl 02) und Malaysia (Kuala Lumpur 03, Penang 04, Langkawi 04, Melaka 06) werden wie Inlandsgespräche geführt.
Die Post ist zuverlässig und relativ schnell; ein Brief dauert nur wenige Tage nach Mitteleuropa. Briefmarken gibt es auf der Post.

Rundreisen

Die Vielseitigkeit Malaysias läßt sich nur im Rahmen einer Rundreise von mindestens einer Woche erfahren. Dafür gibt es drei Möglichkeiten: auf bequeme Art mit einem Reiseveranstalter, individuell mit öffentlichen Verkehrsmitteln oder mit einem Mietwagen von Kuala Lumpur oder Penang aus. Von und bis Singapur ist es günstiger, mit Bus oder Bahn zu fahren.
Für Singapur sollte man drei oder vier Tage einplanen und Melaka als Abstecher auf dem Weg nach Kuala Lumpur oder als ein- bis zweitägigen Ausflug von der malaysischen Hauptstadt aus besuchen. In Kuala Lumpur sind zwei Tage für Formalitäten, Einkaufen und Ausflüge sinnvoll.
Rundreise: Cameron Highlands (ein bis zwei Tage), Zwischenstation in Ipoh, Taiping, Kuala Kangsar. Penang (mindestens drei Tage), Ostküste (drei Tage plus Verlängerungstage für Strandurlaub), Taman Negara (mindestens zwei, mit Anfahrt drei bis vier Tage).
Die wichtigsten Entfernungen: Singapur–Kuala Lumpur 400 Kilometer, Kuala Lumpur–Penang 385 Kilometer, Kuala Lumpur–Kuantan 260 Kilometer, Kuantan–Kota Bharu 371 Kilometer, Johore Bahru–Kuantan 325 Kilometer.

Sicherheit

Singapur und Malaysia sind sichere Reiseziele, obwohl der Massentourismus wie überall Kriminalität anzieht. In Penang wird man häufig darauf hingewiesen, die Handtasche festzuhalten und nicht achtlos über die Schulter zu hängen.
Gefährlicher reist es sich dagegen auf dem Wasser: Im Südchinesischen Meer und der Straße von Malakka treiben Piraten mit Schnellbooten ihr Unwesen, die Inseln um Singapur und Sabah sind ihre Schlupfwinkel. Reisen mit Yachten sollte man besser aus dem Urlaubsprogramm streichen.

Kakao ist ein Exportprodukt Malaysias

Sprache

In Singapur wird überwiegend Englisch gesprochen. Hinzu kommen verschiedene chinesische und indische Dialekte sowie Bahasa Malaysia, auch offizielle Landessprache in Malaysia. Viele Malaysier sprechen zudem Englisch, so daß Besucher kaum Probleme haben, sich zu verständigen.
Bahasa Malaysia gehört zur austronesischen Sprachgruppe und wird auf dem ganzen Malaiischen Archipel einschließlich Indonesien verstanden. Es ist unkompliziert und wird so ausgesprochen, wie es geschrieben wird. Als Besucher lernt man einige wiederkehrende Begriffe sehr rasch:

guten Morgen	selamat pagi
guten Tag	selamat petang
herzlich willkommen	selamat datang
auf Wiedersehen	selamat tinggal/jalan
danke	terima kasi
Entschuldigung	maaf/permisi

Begriffe, die man immer wieder hört und sieht oder die in Ortsnamen enthalten sind:

bukit	Hügel
gunung	Berg
pulau	Insel
rimba	(Ur)wald
kampong	Dorf
kuala	Flußmündung
sungai	Fluß
pantai	Strand
istana	Palast
kota	Festung, Festung
padang	Feld, Wiese
jalan	Straße, Weg
simpang	Kreuzung
tamu	Wochenmarkt
orang	Mensch

Strafen

In Singapur mit seinen strikten Verboten werden Übertretungen mit empfindlichen Geldbußen belegt. Die Tarife: unerlaubtes Überqueren der Straße im 50-Meter-Bereich eines Fußgängerüberwegs: 50 S-Dollar, Fallenlassen eines Stück Papiers oder Zigarettenstummels: 100 S-Dollar, Rauchen in den zahlreichen Rauchverbotszonen (Busse, U-Bahnen, Kinos, klimatisierte Einkaufszentren, Restaurants und Behörden): 500 bis 1000 S-Dollar. Auch das Kaugummikauen ist verboten, die unterlassene Spülung in einer Toilette wird ebenfalls geahndet.

Trinkgeld

In der Regel ist in Singapur und Malaysia ein Bedienungszuschlag im Rechnungsbetrag enthalten, Trinkgelder sollten sich daher auf eine Vergütung für herausragenden Service beschränken. In den einfachen Lokalen, in denen Einheimische verkehren, ist Trinkgeld nicht üblich.

Unterkünfte

In beiden Ländern ist das Angebot an Unterkünften für alle Ansprüche und Geldbeutel groß, angefangen vom Luxushotel bis hin zu den »chinese cheapies« (einfachste Chinesenhotels), Hostels und Zelt-Camps in den Nationalparks. Die Anzahl der Sterne auf den Reise-Info-Seiten markieren die Kategorie und Preisspanne. (*) bedeutet einfache bis einfachste Unterkunft von umgerechnet zehn bis 70 Mark für ein Doppelzimmer (ein Einzelzimmer kostet nur unwesentlich weniger), (**) bezeichnen Mittelklassehäuser mit einem Zimmerpreis von 71 bis 160 Mark, (***) stehen für First Class- und Luxushotels in der Preisgruppe darüber. Im allgemeinen sind Unterkünfte teurer als in Thailand. Für ein einigermaßen sauberes, einfaches Zimmer mit Ventilator oder Klimaanlage und Dusche sollte man 30 bis 35 Mark veranschlagen, für ein Billigzimmer 20 Mark und die Übernachtung im Schlafsaal acht Mark. Wer etwas höhere Ansprüche hat, sollte wenigstens 80 bis 100 Mark einkalkulieren (pro Zimmer).

Verkehrsmittel

Das Verkehrsnetz ist ausgezeichnet. Besucher haben die Wahl zwischen Flug (am schnellsten), Auto, Überlandtaxis, (klimatisierten) Expreß-Bussen und der Bahn (langsam). Busse verkehren meist mehrmals am Tag, während man bei den Überlandtaxis warten muß, bis genug Fahrgäste zusammenkommen, oder man zahlt den Fehlbetrag. Trotz des breiten Angebots kommt es vor allem während landesweiter Feiertage und in den Ferien (zweite Märzhälfte, die ersten drei Wochen im Juni, eine Woche Ende August und fünf Wochen im November) häufig zu Engpässen. Touristen sollten diese Tage für ihre Touren im Lande vermeiden. Oft sind zu dieser Zeit auch die Hotels der unteren und mittleren Preisklasse in den Ferienzentren ausgebucht.

Auto: Für eine Rundreise in West-Malaysia ist ein Mietauto das optimale Verkehrsmittel, da es die nötige Flexibilität verschafft. Die Straßen sind verhältnismäßig gut, der Verkehr ist für ein südostasiatisches Land gemäßigt, die Straßen auf den Hauptrouten sind relativ gut ausgeschildert. Mietstationen gibt es in den meisten Städten, meistvermietetes Auto ist der Proton Saga. Wer sichergehen will, bucht den Wagen schon von Deutschland aus.
Der nationale Führerschein ist ausreichend. Es wird links gefahren, was auch Neulingen aber kaum Schwierigkeiten bereitet. Problematischer ist es, aus Kuala Lumpur hinaus auf die richtige Straße und wieder hinein zu finden. Die Höchstgeschwindigkeit beträgt 110 km/h, in Ortschaften 50 km/h; über ein Durchschnittstempo von 50 km/h kommt man kaum hinaus.
Als Autofahrer sollte man sich folgende Verkehrszeichen merken: Jalan Sehala (Einbahnstraße), Awas (Vorsicht), Berhenti (Stopp), Simpang (Abzweig/Kreuzung), Pusat Bandar (Stadtzentrum), Utara (Norden), Selatan (Süden), Barat (Westen), Timur (Osten).

Bus: Das preiswerteste und in dieser Kategorie schnellste Verkehrsmittel sind Überlandbusse. Sie fahren von zentralen Busbahnhöfen in alle Landesteile und auch nach Singapur. Man reserviert die Plätze am besten einen Tag

Warten auf die Tiershow: Kinder im Zoo von Singapur

im voraus, entweder direkt oder über das Hotel oder ein Reisebüro. Es empfiehlt sich, Expreßbusse mit Klimaanlage zu wählen. Wer kein Freund von lauten Actionfilmen ist, die unterwegs gezeigt werden, reserviert am besten einen Platz weit hinten und nimmt Ohropax mit.

Eisenbahn: Eine reizvolle Art, Malaysia zu entdecken, bietet der Zug, zum Beispiel auf der Hauptstrecke von Singapur über Kuala Lumpur, Butterworth (Penang) und Alor Seta nach Arau (Langkawi) und weiter nach Thailand oder auf Nebenstrecken wie die Fahrt von Kuala Lumpur über Port Dickson nach Melaka. Andere Varianten sind die Strecken von Kuala Lumpur nach Tapah Road (Cameron Highlands) sowie von Kuala Lumpur via Gemas nach Kuala Tempeling (Taman Negara) und weiter durch den Dschungel nach Kota Bharu.
Bei einer Zugfahrt sieht man sehr viel mehr von Land und Leuten als vom Bus aus. Allerdings verkehren die Züge selten und brauchen sehr viel Zeit. Ausländische Besucher können einen Railpass mit unbegrenzter Benutzung kaufen (zum Beispiel 32 US-Dollar für sieben Tage, 43 US-Dollar für 14 Tage).

Flugzeug: Das Inlandsflugnetz der MAS ist hervorragend ausgebaut. Die Flüge sind nicht nur reichlich und komfortabel, sondern für europäische Verhältnisse sehr preisgünstig. In Ost-Malaysia ist ein Flug oft die einzige Alternative. Flughafensteuer für Inlandsflüge: fünf Ringgit.

Taxi: Eine bequeme, aber nicht ganz so preiswerte Reiseart wie Busse sind Überlandtaxis. Sie fahren von einem Sammelplatz in jedem größeren Ort aus, haben feste Preise und starten, sobald fünf Mitfahrer zusammen sind. Wer es eilig hat, kann auch das Fahrgeld für die noch ausstehenden Mitfahrer zahlen oder es sich mit anderen Fahrgästen teilen.

Zeit

Der Zeitunterschied zwischen Singapur/Malaysia und Deutschland beträgt MEZ plus sieben Stunden (Sommerzeit eine Stunde weniger). 12 Uhr mittags in Frankfurt entspricht also 19 Uhr in Kuala Lumpur.

Zeitungen

Englischsprachige Zeitungen in Singapur sind die Straits Times und Business Times. Außerdem gibt es sieben Radio- und drei TV-Sender, die gelegentlich in englischer Sprache senden. Die wichtigste und ausführlichste englischsprachige Zeitung in Malaysia ist die New Straits Time, außerdem gibt es noch den Star und Malay Mail. Die beiden staatlichen und ein privater TV-Sender senden Nachrichten zum Teil in Englisch.

Sarawak: Iban-Frau am Webstuhl

Südchinesisches
Meer
Straße von Malakka
THAILAND
MALAYSIA
INDONESIEN
SINGAPUR
Perlis
Kedah
Perak
Kelantan
Terengganu
Pahang
Selangor
Negeri Sembilan
Melaka
Johor
Banjaran Bintang
Banjaran Titiwangsa
Banjaran Timur
Taman Negara National Park
Sadao
Saba Yoi
Yala
Sai Buri
Ton Sai
Narathiwat
Yaha
Raman
Ruso
Yi Ngo
Rangae
Changlun
Kangar
Jitra
Pokok Sena
Sultan's Palace
Alor Setar
Kuala Kedah
Simpang Tiga
Nami
Ban Nang Sata
Guar Chempedak
Gurun
Yan
Sik
Bt. Lata Papalang
Bedong
Sungai Petani
Bukit Selambau
Be-tong
G. Uluh Merah
Tasek Temengor
Kg. Lalang
Kg. Kupang
Bulai
(Penang) P. Pinang
Ayer Hitam
Butterworth
GEORGETOWN
Kulim
Mertajam
Karangan
Gerik
Lawin
G. Basor
G. Noring
Tasek Kneringe
Nibong Tebal
Selama
Tanjung Piandang
Parit Buntar
Kuala Kurau
Bagan Serai
Kota Lenggong
Tasek Chenderoh
G. Chamah
Taiping
Pokok Asam
Sungai Siput
Changkat Jering
Ubadiah Mosque
Sultan's Palace
Kuala Kangsar
G. Yong Yap
Rambutan
Ayer Terjun
Guntong
IPOH
Perak Tong Shrine
Sam Poh Tong Shrine
Pusing
Rapat
Kg. Terolak
Beruas
Parit
Batu Gajah
Tana Rata
Cameron Highlands
Pantai Remis
Lawan Kuda Bharu
Ajar Tawar
Malim Nawar
Kampar
Damar Laut
P. Pangkor
Kg. Koh
Kg. Gajah
Tapah
G. Batu Puteh
Bidor
Teluk Intan
Bagan Datok
Simpang Ampat Rungkup
Hutan Melintang
Changkat Jong
Slim River
Slim
G. Liang East
Sabak
Bernam
Tanjung Malim
Kg. Sekinchan
Tanjung Karang
Kuala Selangor
Batang Berjuntai
Sungai Buloh
Batu Arang
Kapar
Meru
KELANG
KUALA LUMPUR
PETALING JAYA
Ampang
Batu Caves
Nat. Zoo, Aquarium
G. Besar Hantu
Rawang
Ulu Yam
Gumut
Kg. Kubu Baharu
P. Ketam
Pelabuhan Kelang
Shah Alam
P. Selat Kering
P. Pintu Gedong
Kuala Selat Lumut
Serdang
Kajang
Semenyih
Beruga
Jenjarom
Banting
Dengkil
Morib
Mantin
SERAMBAN
Kuala Pilah
Tanjung Sepat
Chuah
Port Dickson
Pasir Panjong
Rambau
Johol
Tampin
Alor Gajah
Masjid Tanah
Melaka
Malakka
Jasin
Tangkak
Hot Sulphur Springs
Kesan
Muar
Parit Jawa
Semarah
Batu Pahat
Senggarang
Pagoh
Parit Sulong
Yong Peng
Aw Potteries
Ayer Hitam
Simpang Renggam
Renggam
Keluang
Paloh
Chaah
Bukit Kepong
Labis
Segamat
Jementah
Gemas
Nyalas
G. Besar
Kg. Sungai Dua
Rompin
Bahau
Ayer Hitam
Simpang Pertang
Perlah
Teriang
Tasek Bera
Kg. Manchis
Karak
Mentakap
Temerluh
Kg. Awah
Kerdau
Bentong
Teranum
Raub
Sungai Ruan
Jerantut
Kuala Kerau
Kg. Batu Balai
Kg. Sega
Kg. Sungai Chin
Benta Seretang
Mela
Tembeling
Kuala Lipis
Kg. Merting
Bukit Betong
Chegar Perah
Meropoh
G. Tahan
Kg. Gajah
Kg. Kemara
G. Gagau
Kg. Relok
Kg. Sirama
Kg. P. Besar
G. Irong
Paya Bungor
Maran
Kg. Lubok Paku
Kg. Kinchir
Kg. P. Pelak
Gambang
G. Serudom
Sungai Lembing
Panching
Caves
Kuantan
Beserah
Tg. Gelang
Kg. Balok
Kg. Sungai Ular
Kg. Sepat
Kg. Cherok Paloh
Kg. Lamir
Pahang
Pekan
Abu Bakar Palace
Nenasi
Merchong
Petoh
Kg. Gading
Rompin
Kuala Pontain
Pandang Endau
Mersing
Jemaluang
Kg. Ulu Sedili
Mawai
Kota Tinggi
Kota Tinggi Air Terjung
Ulu Tiram
Kulai
Kepala Sawit
Benut
Pontian Kechil
Pekan Nenas
JOHOR BAHRU
Istana Besar
Masai
Kukup
P. Kukup
SINGAPUR
Kg. Punggai
P. Tekong Besar
Kg. Sungai Rengit
Kg. Tengah
Kampung Laut
Kg. Seri Gading
P. Tinggi
P. Sibu
P. Pemangil
Kg. Tekok
Kg. Juara
P. Tioman
Kg. Pengkalan Kubor
Tumpat
Beach Chinta Berahi
KOTA BHARU
Pasir Mas
Bachok
Peringat
Sungai Padi
Waeng
Sungai Ko-lok
Kg. Laut Mosque
Kg. Kadok
Tenah Merah
Pasir Puteh
Machang
Kg. Nibong
P. Perhentian Kechil
P. Perhentian Besar
Kg. Kuala Besut
Jerteh
P. Lang Tengah
P. Redang
Kg. Bintang
Kg. Penarak
P. Bidong Laut
Kg. Merang
Jeli
Kg. Lawar
Kuala Kerai
Kg. K. Balah
Kg. Buloh
Gunung Kambing
Bukit Abu
Kemubu
Kg. Sungai Ayer Deras
Batu Rakit
Istana Meziah
Kuala Terengganu
Tekah
Kg. P. Manis
Marang
Tasek Kenyir
Bertam
Kuala Berang
Wakaf Tapai
Kg. P. Kerengga
Sekayu Air Terjun
Kg. Mesta
Kg. Jambu Bongkok
Rantau Abang
Turtle Centre
P. Tenggol
Kuala Dungun
Kg. Jerangau
Kg. Chenereh
K. Paka
Kerteh
Kemasik
Kg. Ibok
Kg. Ayer Puteh
Kg. Kuala Kemaman
Chukai
Kg. Batu Empat
Tanjung Bangsi
Sungailurus
Berembang
Labuhanbilik
Sungaipelancang
Tg. Senebui
Medang
Teluklecah
Guntung
Simpangyam
P. Bengkalis
Bengkalis
Bukitbatu
Telukpambang
Ketamputih
Sungaipakning
Kudap
P. Padang
Sekodi
Padang
Merbau
Tasikserai
Siak Kecil
Gelam
Selatpanjang
Lemang
P. Rangsang
P. Karimun
Tanjungbalai
Sel. Singapura
Nongsa
P. Batam
Sagulung
Tanjunguban
Sel. Galam
CHINA
BIRMA
HANOI
TAIPEH
TAIWAN
Hong Kong
Süd-chinesisches Meer
Hainan Dao
VIENTIANE
RANGUN
LAOS
Luzon
THAILAND
BANGKOK
VIET-NAM
MANILA
PHILIPPINEN
KAM-BODSCHA
PHNOM PENH
Ho-Tschi-Minh-Stadt (Saigon)
Palawan
Cebu
Phuket
Davao
MALAYSIA
BRUNEI
Medan
KUALA LUMPUR
Sulawesisee
Manado
SINGAPUR
Sumatra
Kalimantan (Borneo)
Padang
Äquator
Banjarmasin
INDONESIEN
Sulawesi

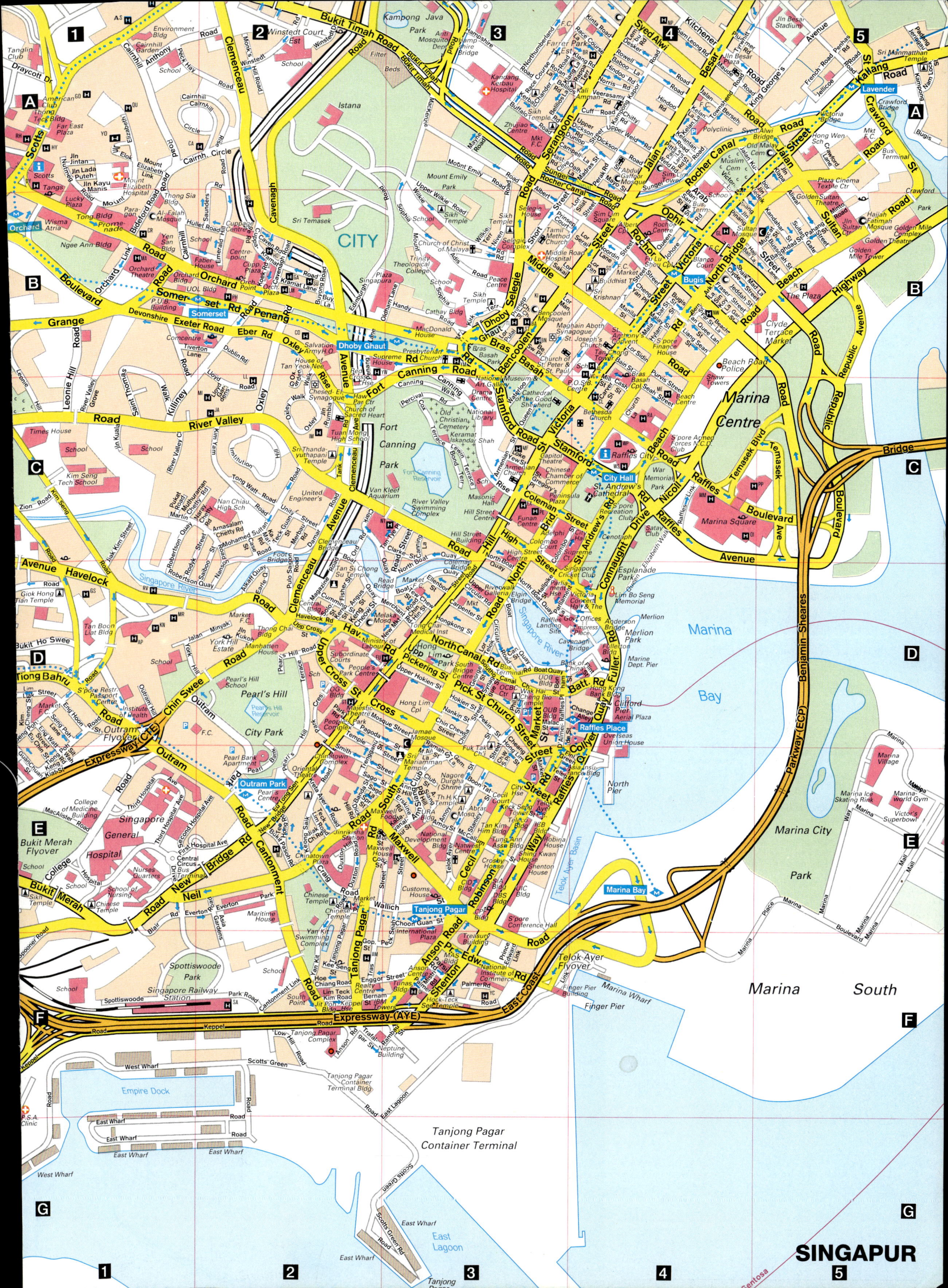

SINGAPUR
CITY
Marina Centre
Marina Bay
Marina City Park
Marina South
Tanjong Pagar Container Terminal
East Lagoon
Empire Dock
Fort Canning Park
Pearl's Hill
City Park
Istana
Singapore General Hospital
Bukit Merah Flyover
Outram Flyover
Telok Ayer Flyover
Singapore River
Orchard
Somerset
Dhoby Ghaut
City Hall
Raffles City
Raffles Place
Tanjong Pagar
Outram Park
Marina Bay
Bugis
Lavender
Bukit Timah Road
Orchard Road
River Valley Road
Clemenceau Avenue
Havelock Road
Chin Swee Road
Outram Road
New Bridge Road
Cantonment Road
Tanjong Pagar Road
Shenton Way
Robinson Road
Cecil Street
Raffles Quay
Collyer Quay
Fullerton Road
Connaught Drive
Nicoll Highway
Raffles Avenue
Raffles Boulevard
Republic Avenue
Beach Road
North Bridge Road
Victoria Street
Rochor Canal Road
Jalan Besar
Serangoon Road
Selegie Road
Bencoolen Street
Stamford Road
Coleman Street
Hill Street
Upper Cross Street
South Bridge Road
Upper Pickering Street
Church Street
Grange Road
Exeter Road
Penang Road
Scotts Road
Tiong Bahru Road
Kallang Road
Crawford Street
Syed Alwi Road
Expressway (CTE)
Expressway (AYE)
East Coast Parkway (ECP)
Benjamin Sheares Bridge
Keppel Road
Spottiswoode Park
Singapore Railway Station
Finger Pier
Marina Wharf
Clifford Pier
Esplanade Park
Sentosa
A
B
C
D
E
F
G
1
2
3
4
5

Register

Seitenzahlen, die auf Infoseiten hinweisen, sind **fett** gedruckt. Die Koordinaten in Klammern beziehen sich auf die Karte S. 112 und 113. Orte ohne Koordinatenangabe befinden sich außerhalb der Karten.

Singapur
(Karte S. 112, G 5, und S. 113)

Malaysia
(Karte S. 112)

Bereits erschienen

1 Türkei – Südküste
2 Kalifornien
3 Tunesien
4 Thailand
5 New York
6 Türkei – Ägäisküste · Istanbul
7 Island
8 Marokko
9 Karibik
10 Hongkong
11 Florida
12 Bali · Lombok · Java
13 Kanadas Westen
14 Moskau
15 Kenia
16 Ägypten
17 Israel
18 Neuseeland
19 Singapur · Malaysia

In Vorbereitung

20 New Orleans und die Südstaaten
21 Mexiko
22 Südafrika · Namibia

Impressum

Geschäftsführer: Kurt Bortz, Dr. Joachim Dreyer, Eike Schmidt

Redaktion und Produktion:
Harksheider Verlagsgesellschaft mbH, Postfach 52 49, 22822 Norderstedt, Tel. 040/52 88 62-0, Telefax 040/5 23 40 56
Redaktion:
Ulrike Klugmann (verantwortlich)
Siebo Heinken

Text: Heide Ilka Weber, Hamburg
Fotografie: Rainer Kiedrowski, Ratingen

Grafische Gestaltung:
Gerhard Keim, Frankfurt/Main
Kartografie: RV Reise- und Verkehrsverlag GmbH, Stuttgart
Alle Angaben im Reiseteil ohne Gewähr.

Erscheinungsweise: zweimonatlich

Vertrieb Zeitschriftenhandel:
PARTNER PRESSE VERTRIEB GMBH, Postfach 81 04 20, 70521 Stuttgart, Telefax 07 11/72 52-310
Vertrieb Abonnement und Einzelhefte:
ZENIT PRESSEVERTRIEB GMBH, Postfach 81 06 40, 70523 Stuttgart, Telefon 07 11/72 52-197, Telefax 07 11/72 52-3 40
Vertrieb Buchhandel:
GeoCenter Verlagsvertrieb GmbH, Neumarkter Straße 18, 81673 München, Telefon 089/43 18 90, Telefax 089/4 31 28 37, Telex 5 23 259
Anzeigenalleinverkauf:
KV Kommunalverlag GmbH, Postfach 81 05 65, 81905 München, Telefon 089/92 80 96-0, Telefax 089/92 80 96-20, Teletex 17898397 komver

Satz: Lübecker Fotosatz GmbH, Lübeck
Reproduktionen:
Otterbach Repro GmbH & Co., Rastatt
Druck und buchbinderische Verarbeitung:
KLETT DRUCK H. S. GmbH, Korb
Gedruckt auf chlorfrei gebleichtem Papier
Printed in Germany
ISBN 3-616-06419-8

Titelbild: Trishaw in Georgetown, Penang